김형석, 백 년의 유산

김형석, 백 년의 유산

106세
철학자가
길어 올린

최후의
인간학

김형석 지음

21세기북스

독자에게 드리는 글

젊었을 때, 내 꿈은 철학을 공부해 정신적 지도자가 되는 것이었다. 하지만 철들면서부터 우리에게는 어떤 희망도 없음을 깨닫기 시작했다. '내 나라'가 없으면 아무것도 이루어질 수 없기 때문이다.

25세에 광복을 맞이했다. 다시 태어나는 체험을 했다. 그러나 그 꿈도 사라지고 말았다. 초등학교 선배이면서 같은 고향 출신인 김성주를 20여 년 만에 만났다. 그는 사상은 빈곤했으나 철저한 행동파 공산당원이 되어 있었다. 같은 해 10월에 김성주는 김일성 장군으로 공산 군정의 대행자로 들어섰다. 나라 주인이 일본에서 공산당으로 바뀌는 처지가 되었다. 2년 동안 공산 치하에 살면서 일제보다도 더 '내 나라'가 될 수 없고 되어서도 안 된다는 사실을 절감했다. 견딜 수 없어서 목숨 걸고 탈북했다.

'나라다운 나라'를 위해서였다. 그리고 그 방법은 나보다 훌륭한 제자들을 키우겠다는 선택이었다. 중고등학교에서 7년, 대학교에서 31년 동안 제자 양성에 심혈을 기울였다. 교육계의 노력도 버림받지 않았다.

6·25전쟁은 무(無)로부터 유(有)를 창출하는 기적을 만들었다. 국가의 길은 자유민주주의 노선이고 경제는 자유시장 정책임을 입증했다. 교육받은 다수의 국민이 정치·경제·지도자들과 사심 없는 애국심으로 세계가 인정하는 법치국가로 진입할 수 있었다. 아시아를 비롯한 후진국들의 선망의 대상이 되었다.

남은 과제는 자유민주 국가를 살고 싶은 '질서 국가'로 육성해 후손들에게 물려주는 성스러운 사명이다.

학교 교육에서 사회 교육에 이르기까지 나라다운 나라에서 질서 국가를 위한 노력이었다. 그러는 동안에 세월은 흘러 나는 100세를 넘어 역사 무대의 끝자리를 차지하게 되었다. 주어지는 일을 마무리하고 싶어 강연을 하면서 독자들에게 철학적인 사상과 지혜를 담은 마음의 글을 전하고 있다. 그런 마음의 글들을 묶어 또 한 권의 책을 독자들에게 드린다.

책이 되도록 수고해 주신 편집부의 여러분과 '아가페의집' 이종옥 이사장께 감사드린다.

2025년 초가을에

김형석

차례

머리말 독자에게 드리는 글   5

1부
지나온 날들이 내게 가르쳐준 것들
: 106세 인생 회고, 그리고 삶을 관통한 질문들

- 한 세기를 돌아보며, 인생은 무엇을 남기고 가는가   15
- 낮은 곳에서 한 작은 일들은 버림받지 않는다   21
- 육영수 여사와의 추억   27
- 희망을 품으며 인생의 마지막 강의를 끝내다   33
- 종교에 관한 세 철학도의 대화   39
- 교수다운 교수가 되고 싶었다   46
- 기독교는 역사적 신앙이다   52
- 세상의 양심 바닥났을 때 희망 주는 것이 기독교 사명   58
- 우리 운명을 결정짓는 성격을 바꿀 수 있는가   64

※ 20년 투병에 말 잃었던 아내의 마지막 한마디   70
※ 강연회 주변 이야기들   76
※ 윤동주와 나의 이야기   83
※ 소설 같은 이야기   91

2부

백 년의 철학으로 읽는 오늘
: 시대를 관통하는 통찰과 인간에 대한 책임

※ 21세기 주도하는 실용주의는 어떤 철학인가   99
※ 나중에 온 사람을 먼저 우대해 주는 사회   104
※ 지정학적 운명 아닌 역사적 창조가 중요하다   110
※ 누가 자꾸 역사의 시계를 과거로 되돌리나   115
※ 광복은 통일의 완성을 향한 출발이다   121
※ 20세기의 유산, 공산주의를 어떻게 보아야 하나   126

❋ 역사는 열린사회로 가고 있다　　　　　　　　　132
❋ 한국 경제, 국민은 이렇게 생각한다　　　　　　136
❋ 판단과 선택은 국민의 권리다　　　　　　　　　141
❋ 국민이 원하는 대통령의 자격　　　　　　　　　145
❋ 역사의 강물은 바다로 흐르게 되어 있다　　　　149
❋ 지도자가 없는 21세기를 살아가고 있다　　　　154
❋ 사회병은 100년이 지나도 치유되지 않는 것 같다　159

3부

다음 세대를 위한 사랑과 지혜
: 교육, 청년, 그리고 희망에 대하여

❋ 105세 교수가 고교 1학년 학생들에게　　　　　171
　무슨 이야기를 했을까
❋ 만일 내가 교육부 장관이 된다면　　　　　　　177

※ 대한체육회, 후배를 위해 다시 태어나야 한다   **183**

※ 미래 사회는 누가 이끌어야 하나   **188**

※ 제3의 질서 사회는 가능한가   **193**

※ 엘리트들이 애국하기 위한 조건   **197**

※ 인문학에 조국의 미래가 달렸다   **201**

※ 3·1운동 휴머니즘이 미래의 원동력이다   **205**

※ 사랑이 있는 교육이 우리의 희망이다   **209**

※ 큰 나라, 작은 나라, 행복한 나라   **213**

※ 철학과 신앙은 공존할 수 있을까   **218**

※ 한글문화의 세계화를 위하여   **223**

※ 나는 간디와 함께 자란 것 같다   **229**

부록 독서하는 국민이 되어야 한다   **234**

1부

지나온 날들이
내게 가르쳐준 것들

106세 인생 회고, 그리고 삶을 관통한 질문들

한 세기를 돌아보며,

인생은
무엇을 남기고
가는가

나이 스물을 넘길 때쯤 일본으로 유학을 떠났다. 가지고 갈 책이 없었다. 수많은 일본어 책이 기다리고 있을 것이었다. 우리글로 쓴 책은 없을 것 같았다. 잊을 수 없는 고향을 떠나면 조국과 멀어질 것 같은 아쉬움이 있었다. 한용운 선생의 시집 『님의 침묵』을 가지고 가기로 했다. 일본까지 가지고 간 단 한 권의 책이다. 그립고 허전한 시간이 생기면 시를 한두 편씩 읽었다. 방학이 되어 고향에 다녀갈 때는 다른 일본어 책과 함께 전당포에 맡겨두곤 했다. 몇 권의 전문 서적이 늘어나면서 『님의 침묵』은 외로이 일본어 책들 가운데 끼어 있었다. 세월이 지나는 동안에 언제 어디서 자취를 감추었는지는 기억나지 않는다. 일본 경찰이 수시로 찾아오곤 했기 때문에 몇 번이나 숨겨놓았던 기억이 지금도 새롭다.

도쿄에서 교토로 거처를 옮겼다. 그때도 일본 경찰이 찾아오곤 했다. 윤동주 시인은 그즈음에 잡혀가 해방을 보지 못하고 감옥에서 세상을 떠났다. 그동안에는 『님의 침묵』을 본 기억이 없다. 해방 전에 일본에서 귀국할 때도 찾을 수 없었다. 그래도 누군가가 읽어주고 있으려니 하는 생각은 사라지지 않았다.

그 후 20년 세월이 흘렀다. 마흔 고개를 넘기면서 1년간 미국에 교환교수로 가게 되었다. 그때는 한글로 된 책을 가지고 갈 필요가 없었다. 그래도 한 권쯤은, 하는 생각으로 막 출간된 내 책 『고독이라는 병』을 가지고 갔다. 한국인으로서의 나를 지키고 싶었는지 모르겠다. 시카고대학교에 머물렀을 때도, 여행하는 동안에도 내내 가지고 다녔다.

1962년 봄 학기를 하버드대학교에서 보낼 때였다. 내 방을 찾아온 서울대학교 한우근 교수가 그 책을 읽어보고 싶으니까 빌려달라고 했다. 하버드 옌칭도서관에도 한국 책이 많이 있으나 내가 쓴 책이라 흥미롭기도 했던 것 같다. 미국에서는 유일한 첫 독자가 된 셈이다. 저녁때 가지고 갔는데, 다음 날 새벽에 그에게 전화가 왔다. 뜻밖의 전화여서 눈을 비비면서 수화기를 들었다.

"나 한우근이에요. 저녁때부터 지금까지 한잠도 못 잤어요"라는 것이다. 혹시 한국에서 걱정스러운 편지라도 왔는가 싶어서 "집에서 무슨 소식이라도…" 했더니 "그놈의『고독이라는 병』때문에…. 이제야 다 읽었어요"라는 것이다.

책을 빌려 가서 읽기 시작했는데 새벽 4시까지 다 읽고 전화를 한 것이다. 한우근 교수의 목소리는 약간 흥분해 있었고 나는 소리를 죽여 웃었다. 그 당시는 국제전화도 미리 편지를 보내 어느 날 몇 시에 전화할 테니까 대기하라고 약속하고 전화를 걸던 때였다. 한 교수 집에 어떤 불상사라도 있었는가 싶어 긴장했는데 안심했다.

내 책『고독이라는 병』과 맺은 인연

단잠에서 깨어났기 때문에 조금 원망스럽기도 했다. 그 후에는 그 책이 어디로 갔는지 기억에서 사라지고 말았다. 손가방 하나만 들고 안병욱 교수, 한우근 교수와 함께 유럽 여행을 했으니까 내 손에 있어도 챙겨서 떠날 상황이 아니었다. 하버드대학교 주변 어디에서 홀로 남아 있을 『고독이라는 병』을 기억에 떠올려 본다.

또 50여 년의 세월이 지났다. 모친과 아내가 세상을 떠나 경기도 파주에 있는 가정 묘지에 안장했다. 애들이 두 무덤 사이에 나를 위한 가묘(假墓)를 준비해 놓았다. 아흔을 바라보는 아버지를 위해 예비했단다. 나도 머지않아 마지막 갈 곳이기에 묵인하고 지냈다.

그런데 강원도 양구의 유지들이 나와 안병욱 교수는 절친한 친구이자 50년 동안 함께 일해왔고, 둘 다 고향이 북한이라 갈 수 없으니 휴전선 가까이에 고향을 만들어 기념하자는 뜻을 모았다. 그때 안 교수가 병중이어서 일을 서둘렀다. 결국 안 교수는 1년 후에 양구로 가고, 신축한 기념관에는 안 교수와 나를 위한 공간이 마련되었다.

안 교수를 위한 공간은 그의 유품으로 채워졌다. 나도 곧 가게 될 테니까 기념관을 위해서라도 구색을 갖춰야겠다고 생각했다. 나에게는 살아 있는 동안의 기념관이 된 셈이다. 그리고 10년의 세월이 지났다. 나는 할 수 없이 모친과 아내의 유해를 양구로 옮겨야 했다. 내가 갈 종착지가 양구의 기념관 옆이었으니까. 먼저 준비했던 가묘는 무용지물이 되고 새로 장만한 가묘가 기다리는 신세가 되었다.

지난 연말에 양구를 다녀오고 나서는 지금 사용하는 것 중에 꼭 필요한 물건만 남겨놓고 모두 기념관에 보내기로 했다. 곧 105세가 되니까. 미국과 일본에 갈 때는 더 소망스러운 삶을 위해 돌아올 목적으로 떠났다. 그러나 이번에는 다시 돌아올 길이 아니다. 여러 사람을 위한 기념관이니까 도움이 되는 모든 것을 남겨 주고 떠나야 한다. 누구나 가진 것 없이 빈손으로 가야 하니까. 소유했던 것을 주고 가는 것이 인생이다.

살아서 명예,
죽어선 치욕 되기도

"범은 죽어서 가죽을 남기고, 사람은 이름을 남긴다"라는 속담이 있다. 명예는 남는다는 생각 때문인지 누군가는 살아 있을 때 명예욕의 노예가 되기도 한다. 그러나 마지막 길에서는 내 존재 자체가 없어지니까, 나를 위했던 명예도 소멸한다. 남는 것이 있다면 "감사하다"라는 말로 사랑을 나누었던 사람들과의 마음이다. 살아 있을 때 자신의 명예를 위해 한 일이 죽어서는 명예가 아닌 치욕이 되기도 한다. 갈 때는 명예에 대한 소유욕까지 버리고 "그

동안 함께해 주셔서 감사합니다"라는 인사만 남길 뿐이다. 많은 사람을 위해 더 좋은 것을 남겨주지 못해 죄송하다는 뜻을 남기고 간다.

젊었을 때 내 은인이었던 도산과 인촌은 "하느님, 저에게 맡겨 주셨던 나라 사랑은 더할 수 없습니다. 하느님의 보호와 사랑을 믿으며 떠나겠습니다"라는 기도를 남겼다. 주어진 시간을 살아가는 인간은 영원한 절대자의 섭리에 모든 것을 맡기고 떠나게 되어 있다.

낮은 곳에서 한
작은 일들은

버림받지
않는다

"성실하게 노력하는 사람은 더 많은 것을 차지하나, 게으른 사람은 있는 것까지 빼앗긴다"라는 교훈이 있다. 높은 관직에 있는 사람이나 중요한 직책을 맡은 사람은 업적 여하에 따라 평가받는다. 나같이 평범하게 산기슭에서 주어진 잡일이나 하는 사람은 사회적 평가의 대상이 되지 못한다. 그렇게 긴 세월을 살아왔는데, 100세가 되면서는 나 같은 사람도 일의 가치를 평가받는 대상이 되고 있다. 내 노력보다 더 많은 것을 차지하게 되었다.

오래전 일이다. 교육부에서 인도의 마하트마 간디를 소개한 내 글을 중학교 국어 교과서에 싣겠다는 요청이 있었다. 처음에는 사양했으나 결국 교육부 뜻에 따르기로 했다. 간디의 생애와 정신을 알려주고 싶었다. 대학 후반기에는 내 저서의 일부가 고등학교 국어 교과서에 게재되었다. 내 의견도 묻지 않고 결과만 통고해 왔다. 그런 분위기 때문이었을까. 학교 부교재와 참고서에 내 수필 여러 편이 뒤따라 소개되었다. 그러는 동안에 어린 학생들이 나는 모르지만 내 이름은 기억하면서 성장했다.

『영원과 사랑의 대화』 등
과분한 사랑

1950년대였다. 동양출판사에서 『현대사상강좌』 열 권을 출판해 사회적 성과를 거둔 일이 있었다. 당시에는 월간지 「사상계」와 더불어 지성 사회의 필독서로 인정받았다. 내가 편집을 도와주었다고 해서 그 대가로 내 글들을 모은 『고독이라는 병』이 처음으로 출판되었다. 그 호응이 좋았다. 계속해서 열 사람의 수필집을 출간했다. 이어령, 김재준 등의 수필집도 내놓았다. 그 책들이 출판계의 관심을 높여주었다. 수필 문학의 중흥기가 만들어졌다. 나도 모르게 피천득의 『인연』과 함께 『고독이라는 병』이 독서계의 주목을 받았다.

1년쯤 지나 미국에 교환교수로 가게 되면서 써두었던 글들을 모아 삼중당에 맡겼다. 인세가 나오면 가족 생계를 도와달라고 부탁했다. 책 제목과 서문이 필요했다. 『영원과 사랑의 대화』라는 가제를 남기고 미국으로 떠났다. 1년 동안 책 출간에 관해서는 아무 소식이나 연락이 없었다. 내 책에서 나오는 인세로 고생하지 않는다는 아내의 편지뿐이었다. 미국 생활과 유럽 여행에 정신을 쏟았기 때문에 1년이 긴 세월같이 느껴지지 않고 귀국했다. 피곤을 풀고 안정을 되찾으면서 뜻밖의 사실에 놀랐다. 『영원과 사랑의 대화』가 독서계에 선풍을 일으키고 있다는 것이다. 나도 모르게 유명한 저자의 한 사람이 되어 있었다. 떠날 때의 내가 아니라는 인상을 받았을 정도다. 1년 동안 한국을 떠나 모든 것을 모르고 지낸 것이 다행이었다.

그런 일들의 영향이었을까. 내 책 한 권이 일본어로 번역되기도 하고 100세가 넘어서는 다른 책이 중국어로 번역되기도 했다. 두 군데 출판사를 통해 연락받았다. 지난해에는 정부에서 수필 문학의 업적을 인정받아 문학사에 유업으로 남기는 특전까지 받았다. 재능도 부족한 사람이 쓴 독자를 위한 마음의 선물이 사회적 평가를 받게 된 것이다.

감투 없는
심부름꾼 일생

또 한 가지, 나는 감투다운 감투를 써본 적이 없다. 대학에 있을 때도 두세 번 보직을 권고받았으나 더 유능한 동료 교수에게 양보하곤 했다. 기억에 남는 직책을 차지하지 못했다.

1970년대 초반이었다. 서울대학교와 서강대학교의 철학과 교수 두 명이 찾아와 한국철학회 회장직을 맡아달라고 청했다. 마침 미국 대학에 한 학기 출강하게 되었기에 사양할 수 있었다. 회장직을 모면하는 대가로 기관지 「철학」의 종신 독자 구독료를 선지급하기로 했다. 10년분 구독료를 요청받았다. 철학회 기금이 부족하던 때였다. 회장직을 맡지 않은 대가로는 죄송한 결과가 되었다. 지금까지 30년 동안 무료로 혜택을 받고 있다. 그렇게 살았기 때문에 내놓을 만한 직책이 없다. 원로 교수는 다 차지하는 철학회 회장 자리도 맡지 않았으니.

그렇다고 내가 사회적으로 일을 안 한 것은 아니다. 감투는 없었으나 사회적 책임은 소홀히 하지 않았다. 나같이 많은 방송과 강연을 한 교수도 흔치 않을 것이다. 국군을 위한 방송과 강연은 20년 동안 계속했고, 군 정신교육 지도위원을 끝까지 맡았다. 공무원 교육도 마찬가지다. 도서윤리위원, 방송심의위원도 했다. 언제나 위원장은 맡지 않는 것이 원칙이었다.

우수 국산 영화 추천위원까지 했다면 누구도 믿지 않을 것이다. 숙명여자대학교 윤태림 총장의 후임으로 맡았던 직책이다. 영화계 사람들이 외국 영화 수입 특혜를 따기 위해 정부의 심사위원들과 뒷거래하는 부작용을 사전에 방지하는 방법의 하나가 윤태림 같은 인사가 심사위원이라는 명분을 위한 청탁이었다. 나같이 영화에 문외한인 철학 교수가 그 많은 영화를 보아야 하는 고생도 했다.

지금까지도 강연에 초청받아 가면 강사를 소개하는 사회자가 소개할 자료가 없으니 중앙학교의 교사였고, 연세대학교의 명예 교수라는 내용이 전부다. 빈약한 경력이다. 감투가 없었기 때문이다. 일은 많이 했으나 심부름꾼으로 평생을 보냈다.

그런데 아흔이 넘으면서부터 뜻밖의 일들이 벌어졌다. 그 많은 훌륭한 지도자들을 제치고 나에게 명예로운 수상을 제안해 온다. 100세가 넘은 지금까지 계속되고 있다. 나는 한 번도 상을 받기 위해 추천을 요청한 적이 없다. 자격이 없다고 생각하고 살았다. 그런데 시상 기관에서 추천서도 받은 바 없이 결정하고 상을 주니까 받을 수밖에.

'유일한상'을 받을 때는 대표자와 점심까지 함께했는데 금년에는 추천자 선출 없이 나를 수상자로 결정했다는 설명을 해주었다. 그런 상을 여러 번 받았다. 감당하기 어려울 정도로 명예로운 일이다. 상뿐이 아니다. 강원도 양구에는 '철학의 집'이라는 기념관까지 생겼다. 100세가 넘도록 살았기 때문에 주어진 보답만은 아니다. 낮은 데서 조용히 맡은 일을 해낸 사람에게 주는 혜택이다. 그렇게 일하는 사람이 많아졌으면 좋겠다.
  요즘 중학교 동창이었던 시인 윤동주 생각이 난다. 내 인생의 4분의 1을 살았으나 나와는 비교할 수 없는 사랑을 받는다. 그런 것이 인생이라고 생각한다.

육영수 여사와의 추억

나는 열네 명의 대통령과 함께 삶을 보냈다. 열세 분의 영부인이 있었으나 직접 만나거나 대화를 나눈 분은 육영수 여사뿐이다. 김대중 대통령 때 이희호 여사와는 상면한 적은 없으나 나라를 걱정하는 분이라는 이력은 알고 있었다. 육영수 여사 때 '양지회'라는 모임이 있었다. 국가 고위직 지도자들의 부인들이 모여 공부도 하고 어떻게 나라에 도움을 줄 수 있을까 하는 뜻을 갖고 출발한 모임이다. 영부인이 회장인 모임에 강사로 초청도 받고 인사도 나누곤 했다. 한때는 몇몇 교수와 대학 과정을 대신하는 강의 시간을 갖기도 했다.

나도 몇 가지 간접적으로 느낀 바가 있다. 육영수 여사와 청와대는 생각보다 검소한 생활을 했다. 육영수 여사는 대통령이 알지 못하는 국민의 불만과 비판이 어떤 것인지 알고 있었고 대통령에게 도움을 주고 싶다는 의지를 갖추고 있었다. 그리고 국민, 그것도 서민 가정의 주부와 거리감 없는 생각과 생활을 해야 한다는 의무감이 뚜렷했다. 그분이 가진 영부인으로서의 애국심이 느껴졌다.

기억에 남는 일화가 하나 있다. 동해안으로 북한 공비들이 침투한 사건이 있었다. 잡혀서 심문받은 사람도 있었으나 한두 명은 체포하지 못했다. 그 공비를 발견하고 추격하던 한 시골 농부가 공비를 따라가다가 실패했다. 그는 "내가 운동화만 신고 있었으면 따라잡는 건데 고무신이 걸려 넘어지곤 했다"라고 고백했다. 육영수 여사가 그 말을 전해 듣고 많이 울었다는 것이다. "우리는 그렇게 선량한 국민을 위해 한 일이 없는데, 그 농부는 우리보다 더 나라를 사랑했어요"라면서 마음 아파했다.

지금도 육영수 여사의 기분과 감정을 이해할 수 있을 것 같다. 그 마음이 국민의 사랑을 받았다. 안타깝게도 공개 행사장에서 흉탄을 맞고 세상을 떠났기 때문에 애석해하는 국민의 애국심을 일깨워 주었다. 평범한 국민의 한 사람으로 살았으면 깨닫지 못했을, 국가에 대한 무거운 책임감을 항상 가지고 있었음을 기억한다.

숙명여자대학교 운영 놓고 의견 경청

박정희 정권이 출범하고 우리나라 마지막 왕위를 계승했던 영친왕과 왕비였던 이방자 여사가 1963년에 일본에서 귀국했다. 영친왕은 1970년에 작고하고, 일본 왕족 출신인 이방자 여사는 1989년까지 여러 자선사업에 헌신하다가 세상을 떠났다. 영친왕은 일본에서 국적을 상실했고 이방자 여사는 자연히 한국 서민의 한 사람으로 남게 된 셈이다.

이방자 여사의 한국에 관한 관심과 헌신적인 노력은 국민의 공감을 받았고, 국민은 왕비였던 이에게 그에 맞는 예우를 해주었다. 그즈음에 왕실의 도움을 받아 개설되었던 숙명여자대학교의 경영권을 이방자 여사에게 넘겨주자는 여론과 잠재적 운동이 있었다. 당시 문교부 장관의 발상이었다고 전해진다.

그때 숙명여자대학교는 4·19혁명 후에 탈정부 중심적 국민 정서를 배경 삼는 민간 지도층에 의해 운영되고 있었다. 4·19 교수단 시위를 주동했던 정석해 교수가 이사장이 되고 윤태림 교수가 총장직을 맡고 있었다. 실질적 주인이 없는 대학이기 때문에 이방자 여사에게 위임해 더 빠른 성장과 발전을 성취하자는 운동이 폭넓게 지지받고 있었다. 모든 결정권을 청와대에서 행사하던 때였고, 박정희 정권은 국민의 여론과 숙명여자대학교를 위해 어느 편을 선택할지 고민하고 있었다.

다른 일로 육영수 여사를 만났다. 육영수 여사가 나에게 숙명여자대학교에 관한 여론과 소식을 들었을 것 같은데, 어떤 선택이 좋을 것 같으냐고 물었다. 나는 서슴지 않고 말했다.

"모든 언론기관과 대학, 은행, 큰 병원, 국민의 이익을 위한 공기관은 국민적 자율성에 맡겨야 한다. 미국 같은 선진국에서는 대학의 업적과 위상이 정부보다 앞서 있을 정도다.

우리나라의 사립대학이 안고 있는 가장 큰 문제는 대학의 주인이 따로 있다는 점이다. 그중에서 연세대학교과 이화여자대학교는 이미 창설자의 간섭을 떠나 국민적 대학으로 탈바꿈했다. 고려대학교도 소유주나 간섭자가 없는 공기관으로 자리 잡은 지 오래다.

숙명여자대학교는 정부나 소유의식을 가진 주체가 없는 공익기관으로 성장하고 있는데, 이제 와서 주인 있는 준(準)정부 대학으로 격하해서는 안 된다. 국가와 국민을 위한 자주적 사명을 갖춘 사립대학으로 키워야 한다."

육영수 여사의 표정이 약간 의외라는 느낌이었다.

조용히 해결된
숙명여자대학교 문제

그리고 얼마 지난 뒤, 우연한 기회에 윤태림 숙명여자대학교 총장을 만났다. 둘이 조용한 시간을 가졌을 때 윤태림 총장이 말했다.

"김 선생, 개인적인 이야기입니다. 나도 열심 있는 교인은 아니지만 나름대로 신앙을 지켜왔습니다. 특별한 기도를 드리는 일은 별로 없었는데, 이번에 숙명의 운명과 장래를 위해서 많은 기도를 드렸습니다. 내 책임도 컸으니까요. 이방자 여사나 개인적인 문제가 아니라, 사립대학의 권위와 존엄성이 버림받아서는 안 되기 때문에 의지할 곳이 없어 기도드렸습니다.

그런데 그 문제가 여론에서 조용해지고 잠잠해지더니, 숙명에 대해서 더 문제 삼지 않겠다는 연락을 받았습니다. 이제는 임기를 끝내고 떠나도 편안한 마음을 갖게 되었습니다. 기도드리기를 잘했습니다."

이사장이었던 정석해 교수도 "숙명 문제 때문에 고민했는데 조용히 해결되었다"라고 이야기했던 기억이다.

나는 그 이후에 깊은 관심을 두지도 않았고 잊고 지냈다. 잘 되었다는 감사한 마음이었다. 지나간 사회적 사건이기 때문이다. 그러나 육영수 여사가 자진해서 나에게 물어보고 그 뜻을 대통령에게 전했는지, 혹은 박정희 대통령이 육영수 여사에게 김 교수 생각은 어떤지 물어보라는 뜻을 전했는지는 모르겠다. 내가 모르는 또 다른 일이 있을 수도 있다. 그저 이런 일도 있었다고 남기고 싶은 이야기다.

희망을 품으며

인생의 마지막
강의를 끝내다

100세를 넘기면서 나도 모르던 몇 가지 변화를 느낀다. 내가 제자들을 기억하고 도와주기보다는 제자들이 더 오래 나를 기억하고 위해준다는 사실이다.

지난 3월이었다. 내 제자들 대부분은 학문계나 교육계에서 일하고 있다. 그중 한 제자는 부친으로부터 물려받은 유업 때문에 여러 회사를 거느리는 기업가로 봉사하고 있다. 따져보면 다른 제자들은 학문계와 교육계의 책임을 맡고 있지만, 사업을 하는 제자는 슬하에 많은 사원과 그 가족까지 경제적으로 이끌어야 하는 부담을 안고 있으니 그 보이지 않는 영향이 더 큰 셈이다.

그 제자의 비서가 나를 찾아왔다. 한두 가지 선물도 전달받았다. 찾아온 이유는 노후에 혼자 계시는 은사님께 무슨 도움이라도 드릴 수 있을지 알아보라고 부탁했던 모양이다. 감사한 마음으로 이야기를 나누었다.

나는 "내 제자가 모범적인 기업인으로 존경받고 인간애, 윤리와 사회적 가치를 남겨주기를 기도드린다. 다른 직업도 귀하지만 우리나라에서는 무엇보다도 경제가 국가 건설의 굳건한 기반이 되기 때문이다"라는 심정을 말했다. 팔순을 맞이한 제자가 100세를 넘긴 스승의 노후를 걱정해 주는 마음이 귀하여 아름다운 정을 두터이 해주었다.

비슷한 시기였다. 60여 년 전 서울대학교 법학과에 재학할 무렵에 내 강의를 들었다는 한 제자의 연락을 받았다. 3월 말쯤으로 계획되어 있는 61학번 동기들 모임에 나를 초청하고 싶다는 것이었다. 법과 계통의 은사님들은 세상을 다 떠나고 기억에 남는 마지막 스승은 나뿐이라며 동창회에서 제자들을 위해 강의를 해줄 수 있느냐고 물었다. 한 학기 동안 내 논리학 강의를 들은 것뿐인데 그 찰나의 인연을 잊지 않고 은사의 한 사람으로 기억해 주니 반가웠다. 오래 고민하지 않고 그의 제안에 응하기로 했다.

은사보다
연로해 보이는 제자들

그 동기 중에는 여학생이 한 명뿐이었는데 그 여학생이 회장이었다. 은사라기보다는 아버지를 대하는 태도로 반갑게 맞이해 주었다. 동기 대부분이 모였고 몇 명은 미국에서 왔다. 모두가 80대 중반이고 백발이 반 이상을 차지한 듯싶었다. 멀리서 보면 은사인 내가 더 젊어 보였을지 모르는 연로한 어른들이었다.

논리학이나 철학 강의는 할 수 없었다. 내가 지금까지 살아온 역사적 이야기와 앞으로 여러분과 함께 가야 할 사회적 책임을 얘기했다.

"25세까지는 일본의 지배가 아닌 '내 나라'에 살고 싶었다. 북한 공산 치하에서는 일본 대신 공산 정권이 집주인이 되었기 때문에 '내 나라'가 아니었다. 그래서 '나라다운 나라'를 위해 월남했다. 제자들과 함께 '나라다운 나라'를 위해 살았다. 지금은 권력 국가가 법치국가로 성장했고 앞으로는 후대들에게 '살고 싶은 질서 사회'를 물려주고 싶다"라고 얘기했다.

더불어 "다 함께 후대를 위해 모범을 보여주면서 존경받는 여생을 이어가자"라는 평소의 소원을 전했다. 50분 정도의 강의가 끝났을 때는 많은 박수가 터져 나왔고 한 아름 꽃다발도 받았다. 수강생 모두가 일어서서 정중한 인사로 전송해 주었다. 내 인생의 마지막 강의를 끝냈다.

집에 돌아오면서 차 안에서 곰곰이 생각해 보았다. 64년 전에 한 학기 강의를 했고 지금 마지막 강의를 한 셈이다. 그 당시 나는 마흔하나의 젊은 나이였다. 젊은 나이였음에도 교육계가 내 평생의 직장이라고 확신했다. 스승다운 스승이 되는 것이 내 꿈이었다. 그 꿈이자 다짐을 품고, 평생 제자를 기르며 초중고등학교, 대학 교육은 물론 사회 교육에 동참한 지도 40년이 된다. 세월이 흐르며 교실의 풍경은 바뀌었지만, 배움과 사람을 향한 마음만은 변하지 않았다.

중고등학교 제자들은 모두 90세가 넘었다. 돌이켜보니 참 많은 제자를 키웠다. 제자 중에는 정진석 추기경, 캐나다에서 한국인 최초로 정교수가 된 윤택순, 그와 친구였던 춘원의 자제 이영근 등 국내외의 교수가 10여 명이 넘는다. 이제 연세대학교에서는 내 제자의 제자들이 교수가 되어 후학을 양성하고 있다. 제자 중 몇은 총장이 되기도 했다. 모두가 나보다 훌륭하고 존경받는 지도자가 되었다. 그들이 각자의 자리에서 빛나는 모습을 보며, 나 또한 스승의 길을 다시 배운다.

조국을 위한
역사적 삶이 모두의 의무

대학에 진출하면서 중고등학교 교육이 소중했음을 깨달았다. 대학을 떠나 사회로 활동 공간을 넓히면서 대학 교육의 국가적 위상이 어떤 것인지 알게 되었다. 100세를 넘기면서 사회 교육의 일부분을 담당했던 것이 얼마나 필요했는지 감사하고 있다. '사랑이 있는 교육이 세상을 바꾼다'를 체험했다. 사랑의 대상인 학생, 제자들과 함께 공부하면서 성장하는 동안 교실을 떠나지 않기를 잘했다. 그래서 나는 "총장의 존경을 받는 교수가 되어라"라고 후진에게 충고한다.

지금은 다양한 방면의 사회활동이 학교 교육 못지않게 소중했음을 체감하고 있다. 교실에서 만날 수 없었던 간접적인 제자들이 더 많아졌기 때문이다. 내 책의 애독자가 교실의 제자와 같이 나를 깊이 알아주며 감사해한다. 내가 사회 교육에서 한 일은 모두가 사회 각 기관에서 요청받은 심부름이었다. 감투도 없었고 명예로운 직책도 맡지 못했다. 내 이력은 중앙학교 교사, 연세대학교 교수뿐이다. 그러나 한 가지 장점이 있었다면 나의 정신과 교육적 도움을 요청하는 사람들을 위해 정성 어린 공감과 사랑을 나누고 싶었다는 것이다.

지금도 나에게 희망이 있는가. 지난 100년의 희망은 내 앞에 있었다. 지금은 나를 위한 시간이 끝나가고 있다. 그래도 더 큰 희망이 남아 있다. 대한민국의 장래를 맡을 수많은 후배, 제자들을 향한 희망이다. 우리 모두에게 주어진 시간은 길지 않다. 그러나 조국을 위한 역사는 영원하다. 그 역사적 사명을 위한 삶이 우리 모두의 의무이다.

종교에 관한 세 철학도의 대화

두 제자와 자리를 함께하게 되었다. 이 군이 질문을 꺼냈다. "우리 인간에게 주어진 목적이 있습니까? 있다면 그 목적이 무엇입니까?"라고. 내가 옆자리의 박 군에게 "군은 어떻게 생각하나? 있다면 무엇이라고 생각하나?"라고 물었다. 교회에 열심히 다니는 박 군이 "저는 하느님께 영광을 돌리는 것이 궁극적인 목적이라고 믿습니다"라고 대답했다. 그 말을 들은 이 군이 "저는 교회에 나갈까 하는 생각을 하다가도 저런 말을 들으면 반감을 갖게 됩니다. 인간에게 목적이 있으면 인간에게 있고 없으면 인간에게 없지, 존재 여부도 모르는 신(神)에게 있다는 사고 자체가 모순이라고 생각합니다"라고 반박했다.

　내 대답이 어려워졌다. "나도 이 군과 같은 사상으로 철학 공부를 했고 또 그렇게 살 수밖에 없는 것이 인간의 운명이라고 믿었다. 그것이 철학과 인문학의 책임이면서 사명이니까. 이 군의 사상적 자세는 타당하다고 믿는다. 인류의 스승인 공자나 석가도 그렇게 가르쳤다. 인간은 인간의 한계와 운명을 배제하거나 극복할 수는 없으니까"라고 했다.

죽음이라는
피할 수 없는 한계

박 군의 질문이다.

　"그렇다면 옛날부터 현재까지 종교는 필요 없었을 텐데, 왜 많은 사람이 종교를 믿습니까."

　내가 신앙인이라고 믿었기에 던지는 질문이기도 했다. 나는 철학 공부를 할 때 인문학도의 한 사람으로 출발했다. 인간은 인간이다. 그 인간의 본질 속에 인간다움을 완성시키는 의무가 있는데, 육체와 시간 속에 사는 나는 정신과 영원을 찾아 완성시키려는 본성을 갖고 태어났다. 그래서 인간의 인간다운 본성을 이성과 양심이라고 믿는다.

그런데 이성적 사고와 양심적 가치를 추구하다 보면 어떤 한계와 종말에 부딪친다. 삶을 위하고 사랑할수록 마주하게 되는 죽음이라는 피할 수 없는 인간적 삶의 한계와 종말이다. 정신적 삶을 삼켜버리는 절망이라고 해도 좋을 것이다. 그 죽음에 이르는 절망을 극복하고 싶다는 바람은 태어날 때부터 주어지는 인간적 삶의 본성이다. 그 희망과 가능성을 포기할 수 없는 사람이 종교적 신앙의 문을 두드리게 되는 것이며, 철학도와 인문학도의 자연스러운 과정이었을 것이다. 종교적 신앙은 그런 사람에게 주어지는 궁극적인 희망의 가능성이었을 테고.

인간과 상관없는
신앙 있을 수 없어

이 군의 질문이다.

"인간은 태어날 때부터 사회적 존재이고 긴 세월의 역사가 해결해 줄 과제가 아니겠습니까?"

"그렇다. 그런데 인구가 많아질수록 인류의 문제는 해결되기보다 해결할 수 없는 과제를 증폭시켜 왔을 뿐이다. 역사가 길어지면 문화의 축적이 해결해 줄 것으로 생각해 왔는데 지금에 와서는 더 큰 비극과 절망을 안겨줄 뿐이다. 과학의 발달은 해결의 가능성과 더불어 해결 짓기 어려운 문제들을 증대하고 있다. 핵무기의 개발과 발전은 인류의 존폐 문제까지 유발하고 있다.

사회문제는 개인을 피곤하게 만들었고, 역사적 희망은 더 큰 절망과 연결되어 간다. 그러니까 인간에 인간을 더해가는 사회나 역사적 시간은 희망을 탄생시키기보다는 혁명과 전쟁을 거치면서 파국으로 향해간다는 회의가 커지고 있다. 말하자면 믿고 따라야 할 진리와 영혼과 정신적 안식처를 스스로 파괴해 가는 잘못을 범하는 현실이다."

"그렇다면 그런 문제의 해결을 위해 신의 존재나 계시가 필수적이고 종교는 그 해결을 위해 필요했고 태어났다는 뜻입니까?"

박 군의 질문이다.

"그렇다고 인간과 상관이 없는 신이나 신앙은 있을 수 없다. 세계사 속에 나타난 유신론을 인격적 실재(實在)로 믿는 종교가 있어야 한다. 이스라엘 사람들이 믿는 유대교가 그것이다. 우리가 접하고 있는 구약은 역사적 종교로 지금까지 전해지고 있다. 자연

신이나 철학적 관념의 신이 아닌 역사 신앙의 모체로 발전된 것이다. 역사적으로는 구약적 신앙이 예수를 통해 신약적 신앙으로 탄생되었다. 나중에는 무함마드의 교훈으로 전개되면서 지금의 이슬람 신앙이 된 것이다.

우리가 공자의 가르침을 윤리와 도덕으로 받아들이고 석가의 교훈을 철학적 법과 진리로 따르는 것은 신의 존재가 뒷받침하지 않기 때문이다. 신약을 거부하는 유대인들은 유대교를 믿고, 신약을 받아들인 신앙이 오늘의 기독교가 된 것이다. 지금 이 군은 그 신앙을 받아들일 수 없다고 말하나, 박 군은 그 신앙을 믿는다고 고백한 것이다. 이 군은 철학도나 인문학도가 되었기 때문이고 박 군은 그 이상의 것을 믿는다고 보아도 좋을 것이다."

신앙을 갖는 것은
인생 최고의 선택

이 군이 다시 질문을 꺼냈다.

"저도 그런 신이나 가르침이 있다면 믿겠습니다. 신이 존재한다면 좋겠다는 생각도 합니다. 그러나 없는 신을 어떻게 믿을 수 있습니까."

내 대답을 기다리는 듯한 태도다.

"우리 모두에게 주어진 기독교적 신앙의 과제가 있다면 성경, 특히 신약을 통해 예수는 어떤 사람이었으며 우리에게 무슨 교훈을 남겨주었는가를 찾아보는 일이다. 예수의 교훈에 따라 살겠다는 선택이 신앙의 시발이다. 그의 교훈이 내 인생의 진리가 될 수 있고 그대로 따르겠다는 선택을 하고 체험하는 결단이 따라야 한다. 그 신앙적 체험이 내 삶의 중심과 주체가 될 때 신앙인이 된다.

인생의 목적이 새로 나타나며 무엇이 소중한가를 묻는 가치관이 확실해질 때 우리는 신앙의 문을 통과하게 된다. 그리고 사람들이 그와 같은 인생의 목적과 삶의 가치관을 가진 신앙의 공동체가 되었을 때, 사회와 역사의 목표와 방법이 새로워진 것이 지금의 역사적 현실이다.

그 대표적 인물이 철학자 사도 바울이다. 로마 법정에서 예수와 그의 교훈을 전해 들은 법관은 죽었던 사람이 어떻게 부활하느냐고 사도 바울을 정신병자로 취급했다. 그러나 예수의 가르침이 로마를 비롯한 세계 역사를 근본적으로 바꾸리라는 생각은 누구도 하지 못했다.

그런 신앙적 체험을 한 사람은 자연법칙과 질서를 바꾸는 것이 아니라, 정신적 가치와 질서의 존귀성을 믿으면서도 신앙적 가치와 은총의 질서를 체험하게 된다. 인간의 영구한 가치와 역사의 무궁한 희망을 간직하면서 현재의 생활을 영위하게 된다. 그 이상의 진리를 찾아 누릴 수 없는 사람이 신앙을 갖는 것은 인생 최고의 선택이지 않을까."

대화를 끝낸 우리 세 사람은 침묵 속에서 자기반성을 하면서 자리를 떠났다.

교수다운
교수가

되고 싶었다

내가 대학에 있을 때였다. 동국대학교 기독교학생회 회장의 전화를 받았다. "동국대학교에서 처음으로 기독교학생회가 생겼는데, 기념사업으로 강연회를 갖기로 했습니다. 교수님께서 강연을 맡아주었으면 좋겠습니다"라는 요청이었다. 불교 대학이니까 신부나 목사를 초청하기가 어렵고 철학 교수인 내가 기독교 강연을 하는 것이 좋겠다는 것이다. 나도 기꺼이 허락했다.

    강연을 며칠 앞두고 다시 연락이 왔다. 대학교에서 기독교학생회 주최로 강연할 수 없게 되어 가까이 있는 침례교 예배당으로 장소를 옮겼으니 양해해 달라는 내용이었다. 대학에서 강연회 벽

보를 보고 대학 내에서 기독교학생 운동은 할 수 없다는 결정을 내린 것이다. 나에게는 학생들의 계획과 뜻이 소중했기 때문에 강연회를 교회에서 무사히 끝냈다.

그 사실이 알려지면서 기독교 방송국과 신문사에서 취재기자들이 찾아왔다. 종교의 자유가 저지되었으며, 동국대학교의 기독교학생회에 대한 핍박이 부당하지 않느냐는 질문이었다. 내 대답은 간단했다. 연세대학교에 불교학생회가 생기고 불교 지도자가 강연하게 될 때까지는 말없이 기다리는 것이 좋겠다는 견해였다. 30여 년 뒤 내가 대학을 떠난 후에야 연세대학교에 불교학생회가 생겼다. 지도교수를 구할 수 없었는데 종교학을 전공한 유동식 교수가 지도를 맡으면서 가능해졌다. 지금 동국대학교에서 기독교학생회가 수용되고 활동하는지는 모르겠다.

종교다운 종교 되기 위해서는

그 사건이 있고 난 이후에 동국대학교의 이기영 교수에게서 연락이 왔다. "그때는 참 미안했다. 김 교수의 강연을 원하는 대학생들이면 누구나 들을 수 있는 대학 사회가 되어야 했다. 그래서 이번에는 내가 강연을 추진하게 되었다. 세계적 관심이 있는 종교의 인생관 문제이고, 그 안에 불교, 유교, 기독교가 들어 있으니까 맡아달라"는 부탁이었다.

나는 생각을 정리해 보았다. '인문학이 성숙하여야 하고, 종교는 교리의 울타리를 넘어 인간적 진리로 받아들여야 종교다운 종교가 되는 것인데'라는 견해였다.

30대 중반에 연세대학교에 갈 때는 나름대로 꿈이 있었다. 서울대학교는 학문과 진리를 위해서 세워졌고, 고려대학교는 학문과 민족의식의 사명을 지니고 있었다. 연세대학교는 학문과 진리는 물론 기독교 정신으로 세계에 참여하는 대학으로 성장할 수 있으리라는 이상이 있었다. 미국 초창기 대학들이 그랬는데, 사립대학 대부분이 기독교 정신으로 미국을 통해 세계로 향하는 대학으로 성장했다.

연세대학교도 그런 성장을 위해서는 100년의 세월이 필요했던 것 같다. 선교사의 신앙적 도움이 필요한 과정을 밟다가 교회의 정신적 협력과 영향을 받아야 했다. 내가 떠날 때쯤에야 민족과 국가를 위한 대학으로 정착되는 인상을 받았다. 이제 국가와 민족의 영역을 넘어 기독교 정신으로 세계 무대에 동참하는 대학이 되어야 한다는 자각과 자부심을 가지기 시작한 것 같다.

기독교 대학은 기독교 교리의 옹호자가 아니다. 인류 전체를 위한 진리의 개척자가 되어야 한다. 사회가 기독교를 위해 존재한다는 과거에 머물러서는 안 된다. 기독교 정신이 사회와 역사의 주역을 담당해야 한다.

서구 사회의 정신사를 담당해 온 대학들은 신학 중심에서 인문학 중심의 대학으로 발전했고, 사회과학의 기반을 형성해 왔다. 특히 두 가지 기능을 담당했다. 열린사회와 미래를 창조하는 정신이다. 기독교 정신의 모체였던 신학대학은 교회와 더불어 전통을 계승하고, 대학은 기독교 정신을 원천으로 진실, 자유, 인간애의 사회와 역사적 희망을 감당해 왔다. 오늘의 자유, 민주 정신의 주체가 되어 세계와 역사의 기반을 구축했다. 사회적으로는 공존의 가치, 역사적으로는 창조적 희망을 계승하고 있다.

대학의 주인이
누구냐고 묻는다면

그런 사명을 감당하기 위해서는 대학의 교수들도 각오와 자세가 중요해진다. 나는 기독교의 전통과 정신이 휴머니즘의 꿈을 가장 잘 구현할 수 있다는 생각으로 '교수다운 교수'가 되고 싶었다. 교수다움의 기본이 기독교 정신이라고 믿었다. 아마 동국대학교의 교수는 불교 정신을 가질 것이다.

교육은 자유인에게 주어진 사명이며, 자유는 인간 완성을 위한 선택이다. 만일 누가 나에게 연세대학교의 주인은 누구냐고 묻는다면 "누구보다도 연세대학교의 정신과 학생을 위하고 사랑하는 교수"라고 대답할 것이다.

연세대학교 졸업생이 아니라도 좋고, 기독교의 지도자가 아니어도 상관이 없다. 진정으로 훌륭한 교수란 진리, 자유, 인간애의 정신을 위해 대학을 위하고 학생들을 사랑하는 교수라고 생각한다. 그래서 후배 교수들에게 "총장으로부터 존경받는 교수가 되어라"라고 권고한다.

총장은 누구보다도 대학을 위하는 책임자다. 그런 총장에게 존경받는 교수가 많아져야 한다. 총장은 학문적으로 존경스러운 교수들을 위하고, 교수들 역시 대학과 학생을 위해 힘쓰는 총장을 존경해야 한다. 학생, 교수, 총장이 서로를 존중하며 사랑하는 태도 그것이 바로 기독교 정신이다.

총장으로부터
존경받는 교수 되어야

대부분의 미국 대학에서는 그 대학 졸업생이 모교 교수가 되는 경우를 보기 어렵다. 대학은 미국을 위한 지도자를 키워 봉사하기 위해 존재한다. 우리끼리의 대학은 그 폐쇄성 때문에 다양성과 창조력이 떨어진다. '대학은 국가를 위해서, 국가는 세계를 위해서'라는 정신이 유지되어야만 국민과 세계인의 존경을 받는다. 국립 대학이 국가와 학문을 위한 대학이라면 기독교 정신의 대학이 현재까지 세계적인 대학의 위상을 지켜온 것이 현실이다. 기독교 정신은 교회를 유지하기 위한 교리를 넘어 열린 세계를 지향하면서, 인류에게 희망을 제시해 주는 인류 공동체의 진리와 가치관을 찾아야 한다.

기독교는

역사적
신앙이다

동양철학을 강의하는 구본명 교수를 연세대학교에 초청했을 때 『성경전서』를 선물했다. 구약의 「창세기」를 읽은 구 교수의 이야기다.

"나는 불경이나 『논어』를 연상하면서 성스러운 신앙의 교훈을 예상했는데, 뜻밖에도 종교 경전보다는 유대인 선조의 씨족역사(氏族歷史)였다. 그 내용도 성스러운 가르침보다 세상에 내놓기 부끄러운 기록들도 있었다"라는 것이다.

나도 공감하면서 "기독교의 구약과 신약 모두가 역사적 기록입니다. 다른 종교와 비교한다면 기독교는 자연 신앙이나 철학이 아닌 역사 신앙입니다. 「창세기」를 읽으셨으니 신약에서는 4복음(「마태복음」, 「마가복음」, 「누가복음」, 「요한복음」) 중 하나와 「사도행전」을 읽으면 됩니다. 역사적 기록들이니까 어떤 면에서는 재미도 있고요"라고 설명했다.

프랑스의 블레즈 파스칼(Blaise Pascal, 1623~1662)은 과학자이면서 기독교 사상의 대표자였다. 파스칼의 신앙고백 제1조가 "아브라함의 하느님, 이삭의 하느님, 야곱의 하느님, 철학자의 하느님은 아니다"였다. 여기에 "신학자의 하느님도 아니다"라고 추가해도 될 내용이다. 파스칼의 신앙고백은 신은 역사적인 하느님이지 철학적 사상의 대상은 아니라는 의미를 담고 있다.

20세기를 대표하는 종교학자 미르치아 엘리아데(Mircea Eliade, 1907~1986) 교수에게서 중요한 가르침을 얻었다. 엘리아데 교수는 프랑스에서 교수로 있다가 미국 시카고대학교로 이적했기 때문에 많은 종교학 제자가 미국으로 따라왔다. 나도 그의 강의를 들어볼 기회를 얻었다. 엘리아데 교수는 자연을 근원으로 삼는 모든 종교를 종교로 본다면 기독교는 종교가 아니라고 강조했다. 기독교는 역사 신앙이기 때문이다.

신앙적 체험의
중요성

우리도 그렇게 생각한다. 유교는 인간 간의 가르침이기 때문에 윤리와 도덕에 속한다. 그 위에 종교적 성격을 가미해 하늘(天)의 사상을 받아들이면서 종교적 성격의 유교가 되었다. 불교의 원천은 인도의 우파니샤드 철학이다. 우주의 실체인 브라만(Brahman)과 인간의 실체인 아트만(Atman)이 하나가 될 때 법(法)에 이르게 된다. 범아일여(梵我一如)의 신앙이다.

종교가 인간의 영역에 속할 때는 윤리와 도덕에 머무르나, 인간과 자연이 하나가 될 때는 철학적 사유로서의 신앙이 된다. 기독교는 처음부터 신(神)과 인격적 관계로 출발했다. 그 결과, 역사 신앙이 된 것이다. 역사적 사실을 배제한다면 기독교는 존재하지 않는다.

역사는 두 가지 성격과 내용을 가진다. 개인의 체험과 역사적 현실이다. 무엇보다도 중요한 것은 우리 자신의 신앙적 체험이 사회적 통합체가 되어 기독교 신앙의 정체(正體)를 만든다. 부모의 사랑을 받지 못하면 아무리 설명해도 부모의 사랑이란 무엇인지 깨닫지 못한다. 그러나 부모의 사랑을 체험한 사람들은 사랑에 관한 설명이나 이론을 생각하지 않는다. 그 안에 살면서 자랐기 때문이다. 그런 것이 기독교인과 사회인의 차이다. 신앙이 무엇인가 묻지 않는다. 내가 그 안에 살고 있기 때문이다.

14세 이후
신앙 속에서 산 삶

내 경우도 그랬다. 초등학교를 졸업하는 열네 살 때였다. 의식을 잃고 쓰러질 때마다, 내 앞에는 죽음이라는 절망의 강이 놓여 있었다. 부모나 의사도 내가 스무 살까지도 살지 못할 것이라고 생각했다. 몇 차례 죽음이 어떤 것인지 체험했다.

그래도 나는 살고 싶었다. 그래서 기도드리는 마음을 갖기 시작했다. 기도는 간단했다. "하느님께서 다른 사람들과 같이 어른이 될 때까지 살게 해주시면 나를 위해서 살지 않고 하느님의 일을 해드리겠습니다"라는 기도였다. 철없는 기도였기 때문에 순진했고, 순진했기 때문에 버림받지 않았다.

중학교 1학년 때 크리스마스였다. 윤인구 목사님과 김창준 목사님의 설교를 듣고 내가 믿는 하느님과 예수님이 어떤 분인지 깨달았다. 깨닫게 해주신 것이다. 그때부터 한평생 예수님이 나와 함께하신다는 믿음을 가졌다.

중학교 4학년 때였다. 우연히 맡은 일이 계기가 되어 평양 북쪽의 덕지리(德池里)라는 시골 교회에서 어린 학생들과 동네 어른들을 위한 신앙부흥회를 가졌다. 다음 해 여름 방학 때는 마우리 (Eli M. Mowry, 한국명 모의리, 1880~1971) 선교사의 부탁으로 숭실전문학교 농장이 있는 시골 교회에서 신앙집회를 이끌었다. 그 일이 시발이 되어 지금까지 개신교와 천주교 안과 밖에서 신앙적인 설교와 강연을 계속하고 있다. 일반 대학은 물론 신학대학과 미국, 캐나다의 교회 중심의 신앙집회를 맡으면서 지냈다. 나는 정식으로 신학 교육을 받지 못했고 성직을 맡을 자격도 갖추지 못한 평신도의 한 사람일 뿐이다. 철학을 전공한 교수 중의 한 사람에 지나지 않는다.

27세에 삼팔선을 넘어왔을 때 단 한 번 직장을 찾았을 뿐, 초등학교 교사로 시작해 지금까지 언제나 일과 직장이 주어지곤 했다. 대학을 정년 퇴임했을 때도 그랬다. 아흔을 넘기면서는 나를 위한 휴식을 취하고 싶었으나 계속 주어지는 일 때문에 쉴 수가 없었다. 병약한 어린 시절을 보냈지만 건강을 이유로 주어진 주님의 일을 중단하지는 않았다. 사람은 언제까지 사는 것이 좋은가.

일할 수 있고 사랑을 나누어 가질 때까지 살면 된다는 생각으로 지낸다.

이것은 나의 여러 신앙적 체험의 하나다. 나보다 놀라운 체험과 업적을 남긴 사람은 수없이 많다. 미국에 갔을 때는 조지 워싱턴(George Washington), 벤저민 프랭클린(Benjamin Franklin), 에이브러햄 링컨(Abraham Lincoln) 같은 역사적 인물을 미국 역사와 더불어 보게 되었으며, 서양과 세계 역사를 통해서 수없이 많은 신앙적 지도자와 역사를 간접적으로 체험했다.

그것은 기적이 아니다. 기독교 정신을 체험한 사람들의 역사적 현실이다. 그런 신앙적 체험과 역사 속에 우리가 살고 있다. 그것이 신의 섭리이며 역사의 희망이라고 믿고 사는 것이 기독교의 역사적 신앙과 사명이다. 평화와 인간애의 정신을 완성하려는 역사적 희망이다.

세상의 양심 바닥났을 때

희망 주는 것이
기독교 사명

서울시 은평구 북한산 자락에 진관사라는 절이 있다. 절에서 내려오다 보면 몇 채의 관문이 있다. 한 액자에 "불교는 종교가 아니다"라고 쓰여 있다. 무슨 뜻일까. 오래전에 독일의 종교학자 하인리히 듀몰린(Heinrich Dumoulin, 1905~1995) 교수가 한국에 왔을 때 나누었던 대화가 생각난다.

"석가님이 한국에 오시면 어떤 생각을 하실까. 저렇게 많은 사찰을 짓기보다 가난한 사람들에게 신체적인, 정신적인 자비를 베풀지. 어디에 가나 불상이 있는데 민망스러워 볼 수가 없다. 불필요한 불자들의 모습이 없었으면 좋겠다. 일본 불교는 철학이라도 남겼는데 한국 불교는 사상적 업적도 찾아보기 힘들다." 그런 말을 했다.

진관사의 편액도 불교는 그런 의미의 종교가 아니라는 선각자의 경고였는가. 불교는 이제라도 그런 공간 위주의 종교를 추구해서는 안 된다는 뜻이지 않았을까 하는 생각을 해본다.

기독교는 어떠한가. 비슷한 시기에 한국을 대표하는 서울 영락교회가 한강 남쪽에 동양 제일가는 예배당을 짓겠다는 계획을 세웠다. 기존 공간이 너무 협소해졌기 때문이었다. 생각 있는 젊은 신도들은 찬성하지 않았다. 당회 원로인 최창근 장로가 교계 몇 사람의 여론을 청취하기로 했다. 대학교수로 있던 지명관 장로가 "정신이 나갔느냐"라고 반대했다. 기독교는 그런 건축물과 영락교회의 명성을 원하지 않는다는 항의였다. 나는 "가난한 환자들을 위해 병원을 지었으면 좋겠다"라고 말했다. "예수님의 뜻은 어떤 장소에 들어서든 아시아를 대표하는 성전이 아니다"라고 했다.

과거 기억이 떠올랐다. 6·25 전쟁 시기 부산 피란 때였다. 부산 중앙교회에서 한국기독교를 대표하는 장로회가 한국기독교장로회와 대한예수교장로회로 분리되는 총회를 방청했다. 대한민국이 존폐 위기에 직면해 있는데 교권과 교리로 싸우는 것을 보고 "죽은 자들의 장례는 죽은 자들에게 맡겨두고 너는 가서 하느님

나라의 소식을 전하라"라는 말씀에 따르기로 한 것이 오늘의 내가 되었다.

나는 1972년 여름에 두 번째 세계여행을 했다. 기독교와 세계종교에 관한 문제의식이 있었기 때문이다. 미국과 캐나다를 거쳐 덴마크를 방문했다. 기독교 사상계에 가장 큰 영향을 남긴 키르케고르에 관심이 많았을 때였다. 키르케고르가 다녔던 코펜하겐의 대표 교회당을 찾았다. 주일 예배였는데 아래층과 위층 모두 텅 비어 있었다. 500~600명이 모이던 예배당에 30~40명의 신도가 모였을 뿐이었다. 서너 명의 목회자가 예배당 입구를 지켜보는 것 같았다. 크리스마스나 부활절을 비롯한 큰 행사가 있을 때는 200~300명이 모인다는 설명이었다.

다음 주일은 런던에서 보냈다. 주택가의 호텔이고 토요일이라 주일 예배를 위해 교회 위치를 미리 찾아보기로 했다. 찾아간 교회 게시판에는 주일 예배가 저녁 시간에 있었고 낮 예배가 없었다. 주일 저녁 예배에 참석했다. 모두 합해서 40~50명이 모였는데, 그 예배가 마지막이고 다음 주일부터는 가까이 있는 교회와 함께 모인다고 했다. 부목사에게 물어보았더니 교인 수가 너무 적어져 두 교회가 연합하게 되었다는 설명이었다. 그런 교회들이 늘어나고 있어 앞으로 교회 수가 많이 축소될 것 같다는 우려였다.

네덜란드의 암스테르담 교회는 국가를 상징하는 큰 성전이지만 지금은 예배 장소를 도서관이나 특수한 기관에서 활용하고 있다는 소식이다.

기독교 지도력
철학보다 비중 커

비슷한 현상은 천주교에서도 볼 수 있었다. 파리의 노트르담 성당도 미사에 참석하는 사람은 200명 미만인데 성당 관람객은 20~30배가 되었다. 로마의 성베드로 성당 미사에 참석했을 때도 비슷했다. 십자가의 머리 부분을 차지하는 공간에서 미사가 열렸는데 많아야 300명 정도였다. 대부분 세계 각지에서 순례로 참석한 신부와 수녀들이 차지하고 있었다. 성전 관람객은 아침부터 늦은 오후까지 계속되고 있었다. 그러나 교황이 주관 참석하는 특별 행사 때는 많은 인파가 성당 밖 광장을 메우곤 한다. 미켈란젤로가 그린 시스티나 성당의 벽화를 보기 위해 찾아오는 관광객은 언제나 만원이다.

일본에 들렀을 때도 비슷했다. 내가 다니던 교회는 총체적으로 절반이 줄었고 긴자(銀座)의 큰 교회에는 예배실의 5분의 1쯤 이 모였다. 교육 수준이 높은 사회일수록 교회당이 비어가는 현상이다. 그러나 교인 수와 교회당이 줄었다고 해서 기독교 정신이 약화되는 것은 아니다. 기독교 사상은 여전히 확산되고 있다. 사회 여러 면에서 20세기는 철학의 영향보다 신학자들의 지도력이 큰 비중을 차지했다는 것이 미국과 일본의 평가였다.

무엇이 이런 변화를 만들었을까. 종교 행사와 교회의 공간적 기능은 축소되었으나, 기독교의 정신적 가치와 의미는 역사적 보편성을 증대시켜 왔다. 기독교 신앙과 인문학이 공존하면서 비(非)이성적·반(反)이성적인 교리와 비윤리적·반윤리적인 가치가 배제된 것이 이유다.

교회당은 수가 줄었으나 지성인의 신앙은 지속되었다. 교회가 사회를 위해 존재하지, 사회가 교회를 위해 존재하지 않는다는 관념과 교리보다는 진리로서의 교훈과 가치가 일반화되었다. 기독교 공동체는 교회를 모체로 출발했으나 교회보다 더 많은 사회적 기능을 담당하게 되었다. 기독교는 과거의 연장이 아니라, 열린 세계와 공존의 질서, 세계 역사를 미래로 이끌어가는 희망의 약속으로 이어져 왔다.

세계 정신사에서 본다면 기독교는 이성과 양심의 의미와 가치를 함유하면서 휴머니즘과 공존해 왔다. 앞으로 주어진 과제는 이성과 양심이 사회적 한계에 도달했을 때 자유와 사랑이 주체가 되는 휴머니즘으로 이끌어가고, 휴머니즘의 한계에 봉착했을 때 희망을 약속해 주는 것이다.

기독교의 그리스도 정신은 종교만을 위한 것이 아니다. 사회와 역사를 영구히 이끌어갈 희망의 교훈과 약속인 것이다.

우리 운명을
결정짓는

성격을
바꿀 수 있는가

200년 전에 영국 런던에 태어난 사람과 같은 시기에 아프리카 산간에서 자란 사람이 같아지지는 못한다. 주어진 시대, 사회적 숙명을 극복하지 못하기 때문이다. 그러나 같은 시대, 같은 사회를 사는 사람에게는 동일성이 있다. 그래도 넘어설 수 없는 운명의 차이가 있다면 그들의 성격이라고 본다. 셰익스피어의 비극의 주인공들이 잘 설명해 준다.

   사람은 누구나 자기 성격대로 살다가 죽게 된다. 그래서 가지고 태어난 성격은 각자의 운명이라고 생각한다. 성격이 강하고 유능한 사람이 있다. 그런 사람이 지도자가 되어 큰일을 하고 성공한다.

그런데 노년기가 되고 성공했다고 자부하던 사람이 그 자만심 때문에 실패하는 경우를 자주 본다. 욕망과 명예심 때문에 실패를 자초하는 지도자가 된다. 타고난 본성과 성격 때문이라고 평한다. 우리 주변에서도 존경받고 업적을 남겨준 지도자 중 애국심을 갖고 자신을 억제하며 희생할 때는 성공했으나 그 희생정신을 상실한 후에는 욕망의 본성을 극복하지 못한 이들을 보게 된다.

행동을 바꾸면
성격도 바뀌나

그런 타고난 운명, 즉 성격을 바꿀 수 있는가. 한때 행동과학 연구가들은 그럴 수 있다고 주장했다. 그 학설을 우리나라 기업체 교육에 적용시켜 보기도 했다. 주어진 운명을 바꿀 수 있는가. 성격을 바꿔라. 성격을 바꾸기 위해서는 습관(習慣)을 바꿔라. 습관을 바꾸기는 수월하다. 계속해서 행동을 바꾸면 된다. 행동은 생각을 바꾸면 누구나 가능하다. 그리고 생각은 항상 바뀌게 된다는 주장이다. 생각을 바꾸는 것은 자유로운 선택이다.

그런데 살아가면서 관찰해 보면 그런 것도 아니다. 생각을 바꾸기 위해 얼마나 오랜 교육과 자기반성은 물론, 노력이 필요한가. 심리학자들이 말하길, 사고는 감정과 함께 발생하며 감정은 지성보다도 의욕에 속한다. 그 의욕은 잠재의식 또는 무의식의 상태여서 변하지 않는다. 그대로 살다가 그대로 끝나게 된다고 한다. 생각을 바꾸는 것이 행동을 바꾸는 데 영향은 줄 수 있다. 그러나 결정적이지는 못하다. 수면 위에 떠 있는 빙산의 일부만 보고 물속에 잠겨 있는 더 큰 빙산을 보지 못하기 때문이다.

사람은 그 시대와 사회가 가진 정신계 속에 살다가 그 안에서 끝난다. 시대와 공동체 의식이 곧 개인의 정신계를 차지하기 때문이다. 그 속에서 성공과 실패를 가리며 사회적 평가를 받는 것이 인생이다. 생각은 우리가 갖고 사는 사상을 말한다. 그 사상을 독단적으로 창조해서 사는 사람은 없다. 그랬다가는 현실을 벗어난 열매 없는 공염불로 그친다. 한때는 유토피아 관념이 성행했다. 그러나 유토피아는 현실을 벗어난 정신계의 꿈일 뿐이다.

그러나 그 꿈에 해당하는 정신적 기대와 희망까지 포기할 수는 없다. 그 기대와 희망에 도전한 사람들이 철학자가 된다. 옛날부터 종교적 이상을 구현하려는 사람들이 있었다. 종교가 존속되는 원인이기도 하다. 우리 주변에 그 대표적인 이상을 남겨준 종교도 그렇다. 속세를 버리고 자신의 사상이 아닌 우주적 이념에까지 도전했던 불교 지도자가 있다. 기독교도 그 대표적인 신앙적 공동체의 현상이다. 신부가 되고 수녀가 되었다. 수도원이 그 대표이다. 신부, 수녀까지는 아니더라도 성직자들은 세상의 가치와 사상을 더 높고 영원한 정신적 실재로 현실화하려는 노력을 계승해 왔다. 불교는 현실을 초월한 정신적 가치와 이상을 원했다. 기독교는 그 가치와 이상을 역사와 사회에서 구현시키려는 사명을 견지해 왔다.

그런 종교적 신앙을 가진 사람은 타고난 성격을 개조할 수 있는가. 성격을 무화(無化)시키지는 못한다. 인간은 인간이기 때문이다. 거듭나거나 새로 태어난다는 것은 내 것을 버리고 주어진 교훈과 뜻에 따라 산다는 뜻이다. 석가의 가르침과 뜻에 따라 다시 출발한다는 뜻이다. 예수의 교훈과 인격을 수용해서 인생을 변화시켜 인생의 목적과 가치가 새로운 희망과 사명으로 바뀐다는 뜻이다.

흔히 종교계에서는 그런 사람을 성자라고 칭한다. 그러나 비교적 거룩함의 가치와 삶을 차지할 수는 있으나 완전한 성인(聖人)은 없다. 인간은 인간으로 태어나 인간으로 끝나게 되어 있다. 그들의 노력과 체험을 존중한다. 그러나 타고난 인간의 본성까지는 버리지 못한다.

그래도 존경스럽고 모범이 되는 종교적 가치와 삶을 인간적으로 성취시킬 수 있다면, 그것으로 자족해야 한다. 그들도 물질적 가치보다는 정신문화적인 사상을, 한 걸음 더 나아가 인격적 자유와 사랑의 가치가 되기를 바란다. 인권과 인간애의 정신적 가치는 인간 생존의 기본이기 때문에 종교인이 아니라도 좋다. 그런 인간 공존의 최고 가치와 삶을 추구하며 역사와 사회를 승화시키려는 정신과 노력에 동참한다는 것은 우리 모두의 희망이면서 의무일 수 있다. 그런 희망과 영원한 가치를 추구하는 사람들은 주어진 본능과 성격까지도 뒤로하고 새로운 삶의 탄생과 발전을 기대할 수 있다.

인간은 미완성에 머무르는 존재

그렇게 시간 속에서 영원을, 사회 속에서 인간 가치를 위하는 생각을 갖춘 사람은 생각으로 행위를, 행위의 개선에서 새로운 습성을 얻을 수 있고 주어진 운명의 한계를 극복할 수 있다. 또 그런 노력은 필요하다. 그래서 참 신앙은 새로운 삶을 탄생시킨다는 인간적 가능성을 제시하는 것이다. 그 공통된 가치가 진실과 자유, 그리고 인간애다. 이 모든 것을 포기한다면 인간적 삶의 의무를 거부하게 된다. 그래서 인간이란 완성을 찾아 미완성에 머물게 되어 있다.

20년 투병에
말 잃었던
아내의

마지막 한마디

아내는 60대 초반부터 20여 년 동안 병중에서 지냈다. 심한 뇌졸중을 겪으며 죽음의 고비는 넘겼으나 말을 하지 못하는 세월을 살아야 했다. 20여 년 동안 말을 하려고 노력했으나 대뇌의 언어기능이 소멸하였기 때문에 허사였다. 그 사실을 알게 되면서 아내의 고통은 무거운 짐이었으나 의사소통의 길을 찾을 수 없었다.

때로는 눈빛과 손끝의 미세한 움직임만이 유일한 언어가 되었고, 나는 그 작은 신호들을 해석하기 위해 온 마음을 기울였다. 그것은 입이 아닌 마음의 소리를 경청하는 시간이었다.

어렵게 소통한 다음
눈물 흘려

한번은 외출하고 돌아온 나에게 무슨 말을 해야겠는데 표현할 수 없으니까 애태우다가 단념했다. 다음 날 아침, 아내는 중요한 일인 듯이 무언가를 설명하고 싶어 했으나 나는 이해할 수가 없었다. 여러 가지 답을 찾아보다가 아내의 간절한 부탁을 알아낼 수 있었다. 독일에 있는 큰아들네가 딸아이를 낳았으니, 백화점에 가서 필요한 물건들을 사서 보내자는 간청이었다. 이틀 전 출산 소식을 전해 들었던 때부터의 소원이었다. 소통되었을 때는 둘이 한참 웃었다. 성공했다는 만족감 때문이었을 것이다. 둘이 손을 맞잡고 또 웃었다. 그러나 잠시 뒤에는 혼자 몰래 눈물을 닦아야 했다. 아내가 그렇게 만족하던 표정을 잊을 수 없다.

    병중의 아내를 데리고 미국 텍사스주에 사는 셋째 딸 집으로 갔다. 다리의 재활치료를 받기 위해서다. 학기 초가 되면서, 나는 대학 강의를 위해 한국으로 가야 하니까 그동안 잘 치료받고 방학 때 다시 와 그때 함께 산책 다니자고 약속했다. 여러 가지 시설을 갖추고 노력하면 지팡이를 짚고는 걸어 다닐 수 있겠다는 의사의 권고이기도 했다.

아내는 내가 다시 올 때는 걷도록 하려고 하루하루를 열심히 노력했다. 3개월이 한없이 길게 느껴졌을 것이다. 방학 때가 되었다. 학교 일을 끝내고 곧 미국으로 향했다. 휴스턴 비행장에서 만난 아내는 자동차 안에서 나에게 꼭 하고 싶은 얘기가 있는 듯 간절한 표정이었다. 나는 몇 가지 잘못 알아들은 얘기를 꺼냈다가 "아! 다시는 헤어져 있지 말고 같이 있자고?" 했다. 아내는 웃었다. 그 뜻이었다는 만족스러운 표정이었다. 아내는 그날 아침부터 나를 기다리느라 몹시 힘들었을 것이다. 집으로 오는 자동차 안에서는 내게 기대어 계속 잠에 빠졌다. 이제는 안심이 된다는 안도감에 깊은 잠을 자는 것 같았다.

귀국은 아내와 같이했다. 그렇게 7년 동안 건강을 되찾기 위한 노력이 계속되었다. 그리고 10여 년은 비슷한 상태로 지냈다. 주기적으로 주치의를 찾아 도움을 받고, 가족들의 사랑도 극진했다. 아내는 욕심이 없고 마음씨가 착했다. 도우미 아주머니가 곁을 떠나지 않고 보살펴주고, 나도 가급적 오랜 시간을 아내 곁에서 보내려고 노력했다. 그러나 아내는 내가 자기 때문에 고생하고 해야 할 일을 하지 못할까 봐 내 걱정을 더 많이 했다. 오늘은 아침에 지방 강연에 갔다가 늦게 돌아올 테니까 재활 운동도 다녀오고 있으라고 부탁하면 어서 가서 좋은 강연하라는 표정이다. 저녁에 돌아오면 아내의 표정은 언제나 같았다. '강연을 잘했느냐?'라는 물음이다. "당신의 기도 덕택으로 모두 만족했다"라고 대답한다. 아내는 말은 못 하면서도 '나 때문에 당신이 하는 일에 지장이 되면 죄송해서 어떻게 하냐'라는 표정이었다.

그러는 동안 외국에 나가 있던 아이들도 학업을 끝내고 돌아오고, 어느새 자란 손주들의 보살핌도 계속되었으나 아내의 병세는 악화하기 시작했다. 병원 신세를 지면서 간병 아주머니의 도움도 무거워졌다. 잠드는 시간은 길어지고 의식과 기억력도 약해져 갔다. 할 수 없이 장기간 입원하는 신세가 되었다. 70대 후반부터는 회복의 가능성은 사라지고 얼마나 더 목숨을 유지할 수 있을까를 걱정했다.

일반 병실에서 응급실로 옮길 때는 주치의도 20년이나 병세를 유지해 온 것이 기적 같다고 말했다. 중환자실에 있을 때는 오전과 오후에 허락된 시간에만 아내를 보고 오는 것이 전부였다. 딸이 순번이 되어 보고 나와서는, 표현은 힘들었으나 자신을 쳐다보는 모습이 '네가 왔구나' 알아보는 표정이었다고 했다.

내 마지막 말도
"아멘"으로 끝날 것

교회 사모가 문안을 왔다. 전부터 친분이 있던 주치의는 댁으로 돌아가서 마지막 치료를 받았으면 좋겠다는 제안을 했다. 병원에서 뒷받침도 해줄 테니 다른 환자를 위해 병실을 양보하면 좋겠다는 의사를 전해왔다. 그 말을 전해 들은 나는 집에서 임종을 맞이하는 것이 좋겠다고 아이들의 동의를 얻어 정해주는 날에 퇴원할 준비를 했다.

퇴원하기 전날 늦은 오후에 마지막으로 중환자실에 들어갔다. 집으로 돌아가서 더 가까이에서 보살펴주겠다면서 아내의 손을 꼭 붙들고 기도를 드렸다.

"하느님 아버지, 지금까지 사랑하는 아내와 함께 머물게 해주셔서 감사드립니다. 집으로 돌아가겠습니다. 아버지의 사랑과 이끄심과 부르심을 감사히 기다리겠습니다. 지나간 어느 때보다도 아버지의 사랑이 함께할 것을 믿고 맡기겠습니다. 이제부터는 저와 가족들보다 더 높고 영원하신 아버지의 사랑에 맡기겠습니다."

기도를 끝내면서 아내의 또렷한 음성을 들었다. "아멘" 하는 아내의 마지막 말이었다. 내가 놀라움을 머금고 아내의 얼굴을 보왔다. 아내는 잠시 눈을 떴다가 다시 감았다. 20여 년을 병중에 있다가 마지막으로 남긴 말이 "아멘"이었다. '아버지의 뜻에 따르겠습니다'라는 기도였다.

아내를 보낸 지 20여 년이 지났다. 나도 남길 수 있는 마지막 말이 있다면 '아버지의 뜻을 이루소서'라는 "아멘"으로 끝맺을 것이다.

강연회 주변 이야기들

중학생 때는 마이크를 잡고 대중 앞에서 강연하는 사람들을 보면서 부러운 생각이 간절했다. 나도 그런 강연자가 되리라고는 상상하지 못했다. 그런데 지금은 피곤함을 느낄 정도로 많은 강연을 계속한다. 100세가 넘은 지금까지도.

내가 참여하는 강연은 주로 세 가지로 나누어진다. 첫 번째는 내가 중심이 되는 강연회에 초청받는 때가 있고, 두세 명의 강사와 함께하기도 한다. 두 번째는 큰 행사가 있을 때 그 행사 중에 비교적 짧은 강연을 한다. 세 번째는 기독교 성당과 교회에서 갖는 설교나 강연이다.

성당이나 교회의 강연은 시간과 절차가 정해져 있다. 개신교는 예배 중심 시간에 30분에서 50분 동안을 차지한다. 천주교는 예배가 없으니까, 주어진 시간만큼 강의한다. 나와 청중을 위해 가장 중요한 시간이면 된다. 은평구의 한 성당에 갔을 때였다. 강연 시간이 되니까 정평 있는 여성 소프라노 노래가 있었다. 노래가 끝나고 신부님이 "김형석 교수님께서 좋은 말씀을 해주시겠다"라며 짧게 인사했다. 강연이 끝난 다음에는 전자 오르간 연주에 5~10분 정도를 할애해 주어서 내가 뜻하는 내용을 충분히 전할 수 있다. 때로는 행사를 위한 행사에 구색을 갖추기 위한 초청을 받으면 거절하기도 한다.

내가 얘기하는 강연회는 내가 주빈으로 초대받는 나 중심의 강연회다. 나는 모이는 청중의 성향을 알아야 한다. 교육 수준, 나이 차이, 직업의 성격, 남녀 비율 등이다. 그리고 그분들에게 내가 전할 수 있는 최선의 마음과 정신적 메시지를 주어야 한다. 청중의 대부분은 평생에 한 번 듣는 강연일 수도 있기 때문이다.

내 마음의 자세는 독창회를 갖는 음악인과 비슷하다. 잡념이나 불필요한 관심을 떠나 무대 위 대기실에 있다가 정각이 되면 노래를 부르는 성악가의 심정이다. 내가 의지하는 것은 간단한 메모지뿐이다. 문장을 써서 읽는 것은 생명력 있는 강연이 아니다.

종이 한 장에 큰 글씨로 쓴 메모가 전부다. 너무 시간의 구애를 받으면 완성품이 되지 못하고 필요 없이 긴 시간은 줄거리가 흐트러진다. 강연이 끝나면 완성된 조각품을 남겼다는 만족감을 느끼고 싶어진다.

가끔은 강연장에 너무 일찍 도착하는 때가 있다. 강연장에 들어가면 여러 사람과 인사를 겸한 대화를 갖게 된다. 어떤 때는 주최 측 책임자들이 모여 강연 전에 간단한 다과를 나누기 원한다. 그런 시간을 갖게 되면 소중한 준비 시간을 빼앗기게 된다. 그래서 차 안에서 기다리다가 5분이나 7분 전에 들어선다. 다과를 함께하는 시간이 필요하면 가급적 짧은 대화를 한다.

예를 들면 "건강의 비결이 무엇인가?"라는 질문이다. 나는 웃으면서 "가급적 건강 걱정을 하지 않으면서 일하는 것이 건강 비결이다"라고 대답한다. "장수의 비결이 무엇이냐"라는 질문도 많다. 나는 "내가 잘 아는 100세 인생을 산 분이 일곱 명이 있는데, 그분들의 공통점은 화를 내는 일이 없고, 다른 사람을 욕하지 않더라"라고 한다. 사실 그 이상의 대답은 할 수가 없다. 내가 기억하지 못하는 분들에게는 너무 여러 사람을 대하기 때문에 자주 결례를 범하게 되어 죄송하다고 사과한다. 아무 일도 아닌 것 같아도 강연을 앞두고 갖는 시간은 나와 강연에 도움이 되지 못한다.

더 어려운 일도 있다. 강연회에 가면 강사 소개 시간이 있다. 강사 소개는 하지 않는 것이 원칙이다. 이미 안내서에 소개되어 있고, 소개하는 사회자보다 청중이 더 잘 알고 있는 것이 보통이다. 어떤 사회자는 20분 강연인데, 강사 소개를 10분 동안 한다. 또 제대로 소개하는 사람이 적다. 내 책 독자들이 더 많은 내용을 알고 있다.

한번은 대단히 큰 교회에 갔는데 젊은 목사님이 열심히 내 소개를 했다. 나는 좀 어색해졌다. 그만했으면 좋겠다고 생각했다. 강연이 끝났다. 원로 장로가 찾아와 "우리 젊은 목사님이 교수님이 어떤 분인지 몰라서 결례했습니다"라고 대신 변명했다.

내가 강사 소개를 받으면서 고맙게 생각한 경우도 있다. 「한국일보」 부사장으로 있던 분이다. 강사 소개 순서가 되었다.

"제가 소개하기보다는 김 교수님의 제자가 어떤 책자에 남긴 김 교수님 얘기를 읽어드리겠습니다."

그 후 나도 처음 듣는 내 소개를 받았다. 고맙다고 생각했다. 그러나 강사 소개는 짧거나 없을수록 강연자에게 도움이 된다.

지금은 그런 일이 없다. 두세 번 겪었을 뿐이다. 강연이 끝나면 사회자가 간단히 내 강연 내용을 설명해 준다. 청중을 위한 친절인지 모르나 강연자와 청중에게는 실례가 된다. 한번은 초청을 받아 사회를 하던 아나운서가 그렇게 하는 것을 보고 당황스러웠다. 이런 지난 얘기를 기억에 떠올리면 자신이 옛날에 했던 부끄러운 일이 생각난다. 그래도 점차로 강연장의 바람직스럽지 못한 사례들이 없어져야 하겠다.

씨를 뿌린 사람은 그 열매를 스스로 거두지는 못한다. 그러나 그 결과를 직접 보거나 열매를 거둔 사례에 접하게 되면 보람을 느낀다. 정부가 운영하는 중앙공무원 교육이 있었다. 정부의 유능한 과장급 공무원 중심 교육이었다. 여러 해 강연에 협조했다. 그 중의 한 사람이다. 나는 공부하는 공무원과 주어진 일만 처리하면 된다고 생각하는 공무원은 세월이 지나면 달라진다고 진심으로 호소했다. 한 과장이 외국에 유학을 가지 못한 한을 해소하기 위해 열심히 공부했다. 그는 차관급을 넘어 농수산부 장관이 되었을 때 나에게 감사를 전했다.

몇 해 전 충남 서산에 갔을 때였다. 청중의 한 신사가 자기소개를 했다. 고등학교를 졸업하고 회사에 와 내 강연을 들었다고 했다. 고등학교까지는 국가가 교육을 맡아주니까 초중고 30리까지는 기차를 타고 온 셈이다. 기차에서 내린 사람은 70리를 걸어 삶의 책임을 다해야 한다. 대학을 나온 사람은 40리까지 기차를 타고 온 셈이다. 누구나 60리는 걸어야 100리를 채울 수 있다. 공부하고 인격을 키워 60리, 70리를 더 가는 사람이 성공한다는 내용이었다. 강연을 듣고 공부를 결심하고 노력했다. 지금은 크지는 않은 기업체지만 사장이 되었다. 많은 대학 출신 직원이 도와준다. 강연해 주신 교수님께 감사드린다는 인사였다.

내 강연을 들은 사람보다는 책을 읽은 사람이 더 많다. 강연보다 더 깊이 나를 이해해 준다. 명동 성당에 강연하러 갔을 때였다. 초청한 주교님이 젊었을 때 내 책을 읽고 신앙이 깊어졌다면서 말씀대로 살겠다며 감사하다고 했다. 그날은 서서 듣는 신자들도 많았다.

여러 해 동안 삼성그룹 대졸 신입 사원을 위한 강연을 했다. 강연 도중에 대학을 졸업할 때까지 고전에 해당하는 도서를 열 권 이상 읽은 사람은 손들어 보라고 했다. 없었다. 다섯 권 이상도 없었다. 짐작했던 대로다. "여러분이 삼성에 와서 과장이 될 때까지는 주어진 일을 하니까 괜찮지만, 부장이나 중역이 되면 지도자로서 정신적 자기 빈곤을 느낄 것이다. 자신과 회사를 위해서라도 독서하고 공부하라"라고 권했다. 후일에 삼성그룹 사장들을 위한 강의에 갔을 때, 한 사장이 입사 때 들은 내 강연에 감명받고 지금은 사장이 되었다고 했다. 열매 맺지 못하는 지도자가 너무 많다고 얘기했던 그때 기억이 떠올랐다.

지난 광복 80주년에는 서대문구에서 주관하는 경축 행사에 참석했다. 15분이 주어졌다. 내 얘기는 간단했다. "지금 우리나라는 중병에 걸려 있다. 정치계에 기대지 말고 국민이 네 가지 국민 된 도리를 지키자"라고 호소했다. 그 하나는 우리 국민 전체가 잃어버린 진실과 정직을 되찾자는 얘기였다.

안중근 의사는 거사 뒤 체포되어 처형될 때까지 한마디의 예외 없이 진실과 당신이 믿는 아시아의 평화를 얘기했다. 그 진실과 정직을 지킨 정신과 인격 덕분에 일본인들의 존경을 받았다. 도산 안창호 선생은 "우리 죽더라도 거짓말은 하지 말자"라고 호소했다. 앞으로 정치인들보다도 우리가 정직해지자고 했다. 독립문 광장이 가득 차 서서 듣는 사람도 많았다. 조용히 경청해 주는 자세를 보면서 강연을 끝냈다.

앞으로 얼마 동안 계속할지는 나도 모른다. 강연을 많이 하게 된 일에 감사하는 마음이다.

윤동주와 나의 이야기

윤동주 시인의 28년 인생은 너무 짧았다. 나와의 인연은 1년뿐이었지만 지금까지도 윤동주와의 정신적 연결이 이어지고 있다. 내가 열여섯 살 때 3년 연상인 동주 형이 숭실중학교 3학년에 편입했다. 그때도 동주는 인정받는 병아리 시인으로 성장하고 있었다. 황순원 작가와 교지 「숭실활천」 편집에 참여했던 동주는 단아하고 조용한 풍모였다. 친구는 많지 않았으나 누군가와 사귀게 되면 정과 마음을 남겨주곤 했다.

    우리들의 행복한 학창 생활은 곧 끝나게 되었다. 일제 총독부에서 "신사참배를 거부하는 학교는 폐교한다"라는 결정을 내렸기 때문이다. 숭실중학교 교장은 미국인 선교사 윤산온(본명 조지 섀넌 맥큔George Shannon McCune, 1873~1941)이었는데 숭실학교는 신사참배를 하더라도 500명의 학생을 일본 학교에서 교육받게 할 수 없다는 결론을 내렸다. 숭실학교 정두현 교수가 교장이 되고 신사참배를 받아들이게 되었다.

중학교 3학년 마지막 학기가 끝나는 채플 시간에 우리는 윤산온 교장의 유언과도 같은 설교를 듣게 되었다. 윤산온 교장은 단정히 정장을 갖춰 입고, 오른쪽 주먹을 하늘 높이 뻗어 올리면서 "두(Do)!"라고 외쳤다. 일곱 차례 "두!"를 반복했고 마지막에는 눈물 섞인 큰 목소리로 끝났다. 우리는 어리둥절했다. 일본 형사들이 강당 뒤 사무실에서 그 모습을 감시하고 있었다.

"두(Do)"는 무슨 뜻이었을까. 왜 너희 선조들은 할 일을 찾아서 하지 않고 기다리면 되겠지, 참아야지, 누군가가 와서 도와주었으면 좋겠다며 세월의 변화만 바라고 있는가. 너희들은 할 일을 하라. 그래야 독립도 할 수 있고, 일본보다 잘 살 수도 있다. "하라. 너희가 하라. 하면 된다!"라는 호소였다.

우리는 윤 교장의 모습을 보면서 강당 밖으로 나섰다. 일본 경찰들이 강당 앞에서 학교 정문까지 지키고 서 있었다. 우리는 할 일도 없고 갈 곳도 없어 숭실전문학교 앞까지 달려가면서 "만세"

를 불렀다.

그렇게 중학교 3학년을 마친 우리는 깊은 고민에 빠졌다. 신사참배를 하고 학업을 계속하는가, 거부하고 학교를 떠나는가의 갈림길에 직면했다. 그때 동주는 "나는 만주로 가면 신사참배를 하지 않아도 되니까 돌아가겠어"라고 했다.

나는 우리 교회 목사님이 신사참배를 거부하고 고문을 받았던 사실을 알기 때문에 학교를 자퇴하기로 했다. 그리고 1년 동안 등하교하는 시간에 맞춰서 평양시립도서관에 가서 독학하겠다는 뜻을 세웠다. 20리 길을 자전거로 왕복했다. 그 선택과 노력은 헛되지 않았다. 많은 책을 읽으면서 한국문학의 정신을 깨닫게 되었다. 우리말로 된 철학 개론은 한 권밖에 없었다. 이화여자전문학교 한치진 교수의 저서였다. 철학에 관한 일본어 책도 몇 권 읽었다. 철학 개론과 서양철학사, 윤리학 등이었다. 어린 나이에 무엇을 깨달았겠는가. 철학자의 이름과 역사의 주류는 짐작할 수 있었다.

같은 해 10월 초순이었다. 건강 때문에 가출옥이 허락되었던 도산 안창호 선생이 우리 시골 교회까지 초청으로 방문하셨다. 토요일 저녁에는 초등학교에서 강론했고, 다음 주일에는 교회에서 설교하셨다. 나는 두 차례 다 앞자리에서 강연과 설교를 들었다. 나도 작은 도산이 되고 싶다는 뜻을 세웠다. 철학을 공부해서 우리나라의 정신적 지도자가 되고 싶었다. 1년 후 복교해 4학년이 되었다. 1년간의 휴교가 학교에서 1년을 보낸 것보다 더 큰 결과를 맺었다는 사실을 알게 되었다. 내 생각은 넓어졌고 인생의 방향이 확실해졌다. 독서의 중요성을 실감했다.

동주는 만주로 돌아가 광명학교에서 5년 학업을 끝내고 서울로 다시 와 연희전문학교 문과에서 공부하며 많은 시를 남겼다. 동주는 열세 살 때부터 시를 쓰기 시작해 여러 학교를 전전하면서도 시작(詩作)을 이어갔다. 마치 정성 어린 일기를 쓰는 자세로 시 쓰기를 계속했다. 1938년 스물두 살이 되는 해에 입학한 연희전문학교 재학 기간은 그의 생애에서 완숙된 정진을 기약하는 전성기가 되었다.

연희전문학교를 졸업한 윤동주는 그 당시 학업에 생각 있는 젊은이들 대부분이 그러했듯 일본 유학을 떠났다. 처음에는 영국 성공회 계통의 릿쿄(立敎)대학교에서 공부했으나 후에 교토의 명문 사립대학인 도시샤(同志社)대학교로 옮겼다.

교토에는 동주의 절친한 친구이자 인척인 송몽규가 있었다. 송몽규는 교토국립대학교 학생일 정도로 우수했다. 동주의 고종사촌이기도 한 송몽규는 동주와 같은 해에 동주의 집에서 태어났다. 두 사람이 교토에서 다시 만나게 된 것이다.

그 당시 일본에서 유학하는 한국 학생들은 한국학생회를 만들어 단체활동을 하거나, 뜻을 같이하는 친구들과 동향 모임을 하거나, 교회 중심의 기독교 학생 모임을 만들었다. 그런 모임에는 내세우지는 않았지만 자연스럽게 바탕이 되는 사상이 있었다. 바로 항일과 독립 정신이다. 그런 분위기 때문이었을까, 한국 학생 대부분이 일본인과 친구가 되는 일은 없었다. 일본 학생들도 그런 분위기를 감지했기 때문에 상호 간의 친분은 경원시하는 환경이었다.

동주의 분신으로 볼 수 있는 송몽규는 그런 모임을 중요시했고 항일 운동을 중심으로 조선 독립을 쟁취하자는 선구자의 한 사람이었다. 동주는 교토에 있을 때 송몽규와 같은 하숙집에 머물렀다. 일본 경찰은 한국 학생들의 모임을 경계하고 그런 조직을 탐지하고 있었다.

나도 그즈음에는 도쿄를 떠나 교토에 머물고 있었다. 그때 나는 고향에서는 학도병으로 지원한 것으로 되어 있었고, 일본에서는 학도병을 벗어나 학생이 아닌 입장이었다. 고향으로 돌아가기도 어색하고 일본에 머무르는 것도 불안했다. 그러면서 아르바이트를 하다가 만난 아내와 결혼하고 교토로 와서 은신해 살던 때였다. 작은 단독주택이었다. 일본 경찰이 수시로 찾아와 감시하는 처지였다.

　다행히 나는 가정을 이루었기 때문에 일본 경찰이 크게 경계하지 않았고, 아내는 나보다 먼저 일본에 왔기 때문에 겉으로 보면 일본 여성으로 오인되곤 했다. 일본 경찰이 옆집에 가서 여러 가지 탐문을 하다가는 내가 일본 여성과 결혼한 것으로 착각한 때도 있었다. 전쟁이 막바지에 이르며, 일본 경찰들은 치안을 앞세워 한국 청년들을 특별히 경계하고 감시했다. 일본 학생들 대부분이 전쟁터로 나간 때였다.

　그때 불행하게도 송몽규가 주동이 되었던 과거의 행적이 드러나 하숙을 같이하던 동주도 일본 경찰의 조사를 받게 되었다. 둘은 경찰의 조사를 받고 검찰에서 3년의 구형을 받는 신세가 되었다. 법원은 치안유지법에 따라 2년씩의 징역 판결을 했다. 동주는 학업을 중단하고 귀향하려고 모든 준비를 마친 때였다. 같은 하숙집에 있던 다른 한국 학생은 무죄 석방이 되었지만 동주와 송몽규는 후쿠오카(福岡)에 있는 형무소로 이송되었다.

　윤동주 시인은 1943년 6월 후쿠오카 형무소에 수감되었고 1945년 2월 16일 목숨을 잃었다. 1945년 6월이면 풀려날 수 있고 두 달이 지나면 고국에서 해방을 맞이할 수 있을 터였다. 건강했던 윤동주와 송몽규가 왜 그렇게 일찍 죽었을까. 전쟁 말기가 되면서 일본 정부는 포로나 정치범을 생체실험의 대상으로 삼고, 자연사나 병으로 인한 사망으로 가장하는 범죄를 감행했다. 그리고 생체실험을 위해 모종의 주사를 놓았다. 윤동주와 송몽규는 불행하게도 그 실험의 제물이 된 것이다.

윤동주의 가족들이 시신을 인계받기 위해 감옥에 갔을 때, 그때까지 살아 있던 송몽규는 피골이 상접한, 그야말로 죽음을 앞둔 환자의 모습이었다. 이름 모를 주사를 정기적으로 맞는 동안에 그렇게 되었다고 말했다. 송몽규도 20일 후에 세상을 떠났다.

감옥 간수로부터 전해 들은 소식에 따르면, 1945년 2월 16일 새벽 3시 30분 윤동주는 큰 목소리로 고함을 지르고는 눈을 감았다고 했다. 한국말이었기 때문에 일본 간수는 그 뜻은 모른다고 했다. 윤동주의 시신은 화장하고 유골은 고향 용정으로 옮겨와 안장되었다.

그리고 9년의 세월이 지났다. 나는 연세대학교의 교수로 부임했다. 그 후 연세대학교 교정에는 윤동주의 시비가 건립되고 기념관이 세워졌다. 나는 순간순간 윤동주와 함께 연세대학교에 머무르는 자신을 발견하곤 한다. 숭실의 1년이 연세의 30여 년으로 연장된 셈이다. 연세는 윤동주의 모교이고 나는 연세대학교의 교수로 30여 년을 지냈다. 지금은 연세를 떠나 있지만 윤동주와 같은 세대의 친구들이 모두 세상을 떠났기 때문에 윤동주와 나의 이야기는 계속되고 있다.

우리의 모교 숭실학교에서는 창립 기념식이 있을 때마다 학생들을 위해 '윤동주 시 문학상', '황순원 소설 문학상', '김형석 수필 문학상'을 시상한다. 윤동주의 기념관은 연세대학교에 있고, 황순원의 문학기념관은 경기도 남양주에 세워졌다. 나를 위한 기념관이 강원도 양구에 세워진 지 13년이 지났다. 윤동주와 황순원 작가의 우정은 나와의 관계보다 더 깊었으니까.

이제는 모두 옛날이야기로 남겨질 뿐이다.

소설 같은 이야기

일본에서 대학 생활을 할 때, 동북제국대학교에 아리시마 다케오(有島武郎)라는 작가를 겸한 교수가 있었다. 청년기에는 톨스토이의 애독자였고 기독교 사상을 수용한 휴머니스트이기도 했다. 나는 그의 사진을 볼 때마다 젊은이들의 아버지 같다는 인상을 받았다. 춘원 이광수와도 비슷한 면모를 연상시켰다. 그의 동생 아리시마 이쿠마(有島生馬)는 일찍부터 유럽에서 서양화를 전공했다. 내가 도쿄미술관 식당에서 아르바이트할 때 그 화가를 몇 번 보기도 했다. 두 형제가 일본 문학계와 미술계에서 중견 책임을 맡고 있었다.

한 세기 전쯤의 옛날이야기다. 형인 아리시마 다케오가 동생이 있는 유럽의 하숙을 찾아갔다. 그곳에서 2주 정도 머물면서 동생과 친분이 있는 젊은 예술인들을 만날 기회가 생겼다. 그때 아리시마 다케오는 질타라는 독일 여성을 만났다. 두 사람은 만날 때부터 서로 사랑하고 싶은 사람이라는 인상을 받았다. 대화를 나누며 서로 사랑의 감정을 확인했다. 아리시마 다케오는 그 여성에게 내가 사랑을 고백해도 되겠느냐고 물었다. 질타는 아쉬운 표정을 감추지 못하면서 고맙지만 자신에게는 사랑을 약속한 남자 친구가 있고, 그와 결혼하게 될 것이라고 고백했다. 아리시마 다케오는 알겠다고 받아들이면서 머무는 동안에라도 가까운 친구로 지내자고 마음의 문을 열었다.

그런 자유로운 만남과 감정이 두 사람에게 친근감을 더해주었을 것이다. 작별을 앞두고는 더 깊은 사랑의 공감대가 두터워졌을 법도 했다. 아리시마 다케오는 질타에게 한 가지 소원만은 꼭 받아달라고 간청했다. 언젠가 한 번 일본을 방문해 달라는 간청이었다. 질타는 망설였지만 그 간청을 거절할 수 없었기에 결국 그러겠다고 약속했다. 두 사람은 무거운 작별을 나누었다.

긴 세월이 지났다. 아리시마 다케오는 작가 활동을 계속하면서 대학을 대표하는 교수의 한 사람이 되었다. 그의 애독자 가운데 한 여성이 있었다. 연애 지상 풍조가 만연했던 때였다. 두 사람은 가까이 지내다가 연인이 되었다. 하지만 그 여성은 결혼해 가정이 있었다. 유부녀와의 사랑이 알려지면서 두 사람의 사랑은 더 깊어지고 사회적 여론과 비판은 가중되기 시작했다. 두 사람은 사랑을 위해 모든 것을 포기하기로 결심했다. 두 남녀는 돌아오지 못할 죽음의 길을 택했다. 사회적으로 엄청난 관심과 화제를 남겼다.

나는 무엇이 원인이었을까를 생각하다가 아리시마 다케오가 쓴 『아낌없이 사랑은 빼앗는다』를 읽어보았다. 정확한 내용이 기억나지는 않지만, 책에는 대략 이런 글이 실려 있었다.

"나는 태초에 말씀이 있었다는 바이블의 뜻을 이해하지 못한다. 나 자신이 누군가를 찾아 발견한 것은 태평양 바다 위에 떠도는 나뭇잎 같은 생각이 들었다. 언젠가는 내가 감당할 수 없는 파도에 휩쓸려 바닷속으로 사라질 존재에 지나지 않는다. 그런 나에게 위로와 가냘픈 희망이 있다면 나와 같은 운명을 타고난 또 하나의 나뭇잎을 만나 서로 위로와 사랑을 나누다가 어떤 파도 속으로 함께 사라져 가는 일이다. 가족일 수도 있고 친구일 수도 있다. 사랑의 깊이와 운명을 같이할 이성을 찾아 서로 의지하고 사랑하는 일이다. 남은 시간과 여생을 함께할 사랑의 동반자다. 그 이상의 위로와 소망은 없다. 많은 사람은 그 또 다른 운명의 대상을 찾지 못한다. 내 최고의 삶은 사랑하는 여성과 저세상을 찾아 함께 떠나는 일이다."

다시 긴 세월이 지났다. 모두가 아리시마 다케오의 죽음을 잊은 지 오래되었을 때였다. 독일에서 한 초로의 여성이 조용히 일본을 찾아왔다. 질타였다. 그는 찾아온 기자들에게 "꼭 일본을 찾아달라는 약속을 지키기 위해 왔다"라고 고백했다. 너무 늦게 찾아와 죄송한 마음을 금치 못한다는 여한을 숨기지 않았다. 아리시마 다케오의 무덤에 꽃다발을 마치고 긴 시간 머물렀다. 그리고 조용히 독일로 돌아갔다.

또 긴 세월이 지났다. 나는 한 잡지에서 예상치 못한 기사를 읽었다. 아리시마 다케오의 조카딸이 성년이 된 뒤에 유럽에 가 질타 여사 집을 방문했다고 한다. 여사는 젊어서 결혼을 약속했던 남성과의 결혼을 포기하고 혼자 살고 있다고 했다. 거실과 침실을 안내하면서 아리시마 다케오에 관한 사진과 책, 일본에서 전해 오는 소식을 간직한 장식품들을 보여주었다. 그는 이 세상에 있지 않은 아리시마 다케오를 기억하며 홀로 여생을 보내고 있었다. 방문객인 조카딸에게 며칠 함께 머물러달라는 청을 해왔다. 아리시마 다케오에 관한 대화가 그리웠기 때문이다. 따뜻한 애정을 나누다가 떠날 때 건넨 질타의 마지막 말은 "당신 큰아버지는 정말 사랑하고 싶은 사람이었다. 내 마음에 간직하고 있는 '사랑의 정'이 있어 혼자가 아니다"였다.

사랑은 그렇게 영원한 것인지 모르겠다. 윤리학자들은 삶의 선과 악을 말한다. 삶이 끝나면 선과 악은 사라진다. 그런데 예술인들은 아름다움은 사라지지 않는다고 생각한다. 사랑이 영원하기에 그런 것인지 모른다. 그러나 자기를 위한 이기적인 사랑은 사람과 함께 사라진다. 사랑은 빼앗는 것이 아니다. 베푸는 것이다. 더 많은 사람에게 사랑을 베풀면 그 사랑은 영원히 존속된다.

2부

백 년의 철학으로 읽는 오늘

시대를 관통하는 통찰과 인간에 대한 책임

21세기 주도하는
실용주의는

어떤 철학인가

인문학이나 사회과학을 전공하는 사람들에게 왜 한국학이나 동양 사상을 멀리하느냐고 물어보면 두 가지 문제를 지적한다.

한 가지는, 지금 우리는 세계 무대에서 살고 있는데, 세계적 사상과 학문을 제공해 주는 동양이나 한국의 사상과 학문이 없기 때문이다. 세계적 근대정신은 서양 사상과 학문을 통해 르네상스 때부터 주어졌다. 문예부흥은 그리스부터의 인문학과 자유정신을 계승했고, 기독교는 인간애와 공존의 사상인 휴머니즘을 접목해 다른 문화권에서 찾아볼 수 없는 역사적 주류를 이끌어왔다.

다른 한 가지는, 지식을 배우고 많이 안다고 해서 학문이 되는 것은 아니기 때문이다. 학자는 그 시대와 사회가 요청하는 문제를 해결해야하는 의무를 가진다. 그러기 위해서 학문을 위한 당대의 방법과 역사적 흐름에 동참해야 한다. 과학 정신과 역사의식이다. 동양의 근대 이전 지식으로는 학문다운 학문이 불가능하며 현대사회를 이끌어갈 해법을 찾을 수 없다. 과학적 사유와 역사의식은 서구 사회가 근대화 유산으로 남겨준 사회과학의 길이기 때문이다.

독일의 이념적 경제관, 공산주의로

그렇다면 서구 국가들은 어떤 성격의 학문과 사상을 남겨주었는가. 영국은 모든 학문과 사상적 기반에 경험주의를 두었다. 그리고 정치나 경제와 같은 사회과학의 유업을 남겨주었다. 프랑스는 학문의 근원을 합리성과 실증과학으로 전개했다. 그 뒤를 따르는 독일에서는 관념주의 정신이 극대화되었다. 그 결과로 영국은 사회문제 해결을 위한 정치와 경제계를 선도하는 역할을 담당했다. 미국이 영어문화권으로 흡수되면서 앵글로·색슨의 비중은 현대사회를 주도하는 결과가 되었다.

프랑스는 문화적 창조와 예술을 주도해 왔다. 오귀스트 콩트(Auguste Comte, 1798~1857) 같은 이는 사회과학에 학문적 기여는 했으나 현실 정치나 경제에는 영향을 끼치지 못했다. 독일은 관념적 철학과 마르크스 같은 이념적 경제관을 창출해 공산주의 사회를 이끌어오도록 주도해 왔다. 그 결과는 어떻게 되었는가. 세계 경제와 정치는 영국을 비롯한 실용주의 사상과 러시아를 위시한 공산주의 사상의 대결로 나타났다. 대한민국과 북한의 탄생이 그 불행한 결과로 등장한 것도 두 세계관의 영향이다.

그러나 냉전 시대가 끝나고 보수와 진보의 대립이 아닌 공존의 질서가 정착되면서 공산주의 경제와 정치는 쇠퇴하기 시작했다. 지금은 영국과 미국 주도의 실용주의 정신과 사상이 21세기를 주도하고 있다. 러시아나 중국도 경제는 이미 자유시장과 실용주의 노선을 택한 지 오래다.

실용주의(Pragmatism)란 어떤 정신과 사상인가. 그 뿌리는 문예부흥 이후부터 영국이 창출하고 계승해 온 경험주의에 있다. 경험주의는 역사와 사회적 현실에서 출발해 더 소망스러운 사회와 역사를 건설해 가는 정신이다. 공산주의 유물사관처럼 역사 사회의 이념을 설정해 놓고 그 이념에 현실을 맞추는 역기능이 아니다. 주어진 선입관념이나 고정관념에 빠져서도 안 되지만 유일사상이나 절대가치에 대한 신념은 용납되지 않는다. 역사는 발전을 거듭하고 사회는 변화하고 진보하게 되어 있기 때문이다. 창조적 진화가 경험주의 철학의 근본이다.

그 목표와 목적이 있다면 무엇인가. 많은 사람이 가장 큰 행복을 찾아 누리게 하려는 노력이다. 공리주의(Utilitarianism)가 그것이다. 소수는 다수를 따르며 가난하거나 소외된 계층의 다수가 먼저 행복을 누리도록 돕는 길이다. 그 학문과 사상적 결론으로 주어진 것이 정치에서는 의회민주주의, 경제정책에서는 복지 혜택을 추진해 가는 길이다. 그 방법에는 여러 가지가 있을 수 있다. 그러나 의회민주제 정치관은 이미 세계와 인류의 인정을 받고 있다. 경제의 사회정책도 미국의 자유주의가 아니면 영국이나 캐나다의 자유주의와 같은 두 방향의 하나를 택하게 되었다.

강의 위주 대신
토론 교육을

그 정치와 정책을 성공시키는 방법이 무엇인가. 해답은 영국의 전통을 계승한 미국이 설정해 주었다. 실용주의가 바로 그것이다.

정치적 민주 정신과 경제적 가치를 모두가 누리는 방법이다. 정치와 경제는 인간의 행복을 증진시키고 지속시키는 결과에서 평가되어야 한다. 선한 가치 창출이 동반되어야 한다. 주어진 과제 해결을 위해 대화를 나누고 객관적 해답을 찾아 실천하는 방법이다.

우리 모두를 위해 앞으로 무엇이 이루어져야 하는가. 대화를 통해 객관적 가치로 협력해 가는 방법이다. 변증법도 아니고 토론을 위한 토론에 그쳐서도 안 된다. 공산주의와 같은 대결과 투쟁은 더 이상 용납되지 않는다.

그러기 위해서는 교육제도가 개선되어야 한다. 초중고등학교는 물론 대학까지 주어진 문제를 놓고 대화와 토론으로 문제를 풀어가야 한다. 스스로 찾은 결론이 진리와 진실이 되며, 사회 역사적 객관성을 인정받으면 사회적 가치와 진로가 주어진다. 투쟁과 폭력을 죄악시하는 민주주의 정치 원리와도 통하는 방향이다. 미국 대학교에서 강의를 듣는 학생들은 독일식 강의 위주의 교육을 배제하는 이유를 깨닫게 된다.

이런 교육적 발전과 사회적 변화가 지금은 인류와 세계의 공존 질서를 가능케 하는 평화와 자유의 가치로 인정받고 있다. 그 정신을 현실화시키는 노력이 실용주의다. 소망스러운 공존과 행복의 길이기 때문이다.

나중에 온
사람을

먼저 우대해 주는
사회

인도의 마하트마 간디는 20세기 사람이다. 그러나 그의 진실과 정직, 반(反)폭력과 인간 사랑의 정신은 21세기를 사는 우리 또한 깊이 새겨야 할 교훈이다. 지금 우리는 지도자들이 진실을 포기하고 국민은 폭력을 일삼는 사회에 살고 있다. 언어의 폭력은 정신적 폭력이다.

그래서일까, 요즘은 간디의 이름을 되뇌일 때마다 그 가르침이 더더욱 절실하게 다가온다. 진실과 사랑 그리고 비폭력의 정신은 오늘 우리의 현실을 비추는 거울처럼 오래도록 가슴에 남는다.

간디의
비폭력·인간 사랑 정신

간디는 살아 있을 때 긴 여행을 떠난 적이 있다. 그는 기차 안에서 읽기 위해 영국의 존 러스킨(John Ruskin, 1819~1900)의 저서 『나중에 온 이 사람에게도』를 가지고 떠났다. 책을 읽고 크게 감명받은 간디는 모든 정치, 특히 경제문제 해결이 여기에 있다고 공감했다.

러스킨은 어떤 사람인가. 예술평론가로 출발했다가 윤리적 가치관으로 사회를 비판한 사람이다. 그는 아름다움과 사랑이 있는 역사를 개척하고 싶었다. 그런 가치관과 세계관은 어디서 얻었는가. 18세기 영국은 극심한 경제적 혼란에 빠져 있었다. 그 사회적 혼란 속에 거친 혁명을 겪은 국가가 프랑스였다. 그러나 프랑스보다 더 위중한 현실에 처했던 영국은 유혈혁명을 거치지 않고도 혼란을 극복할 수 있었다. 그 시대를 이끌어준 선각자의 한 사람이 러스킨이다.

러스킨은 그 문제 해결을 바이블에서 받아들였다. 『나중에 온 이 사람에게도』가 그 정신이다. 포도밭 주인이 이른 새벽에 하루 일거리를 구하는 사람과 적절한 임금을 약속하고 포도밭으로 보냈다. 오전 9시에도 같은 방법으로 일터를 제공했다. 실업자가 많았기 때문에 낮 12시, 오후 3시에도 노동자들에게 일거리를 주었다. 오후 5시에도 일자리를 찾지 못해 애태우는 사람들에게 "내 포도밭으로 가서 일하라"라고 보냈다.

저녁때가 되어 임금을 주어야 했다. 주인은 가장 늦은 오후 5시에 온 사람에게 새벽에 일을 준 사람과 같은 임금을 주었다. 오전 9시, 낮 12시, 오후 3시에 온 사람들에게도 차례대로 지급했다. 새벽부터 온 사람과 오전 9시에 온 사람들은 더 많이 받을 것을 기대했는데 같은 임금을 받았다. 그들이 불평했다. 우리는 더 많은 시간 동안 고생했는데 불공평하다는 항의였다. 주인은 "당신들에게는 약속한 임금을 주었다. 저 사람들의 가족이 적은 돈으로 굶어야 하겠기에 더 준 것이 내 잘못이냐"라고 타이른다. 그것이 예수가 남겨준 교훈이다.

정치와 경제문제의 궁극적인 목적은 무엇인가. 러스킨은 소외되고 버림받은 사람들에 대한 인간애의 의무라고 받아들였다. 자력으로 살아갈 수 있는 사람은 함께 가면 된다. 그러나 도움이 필요한 사람은 사랑을 받아야 한다. 국가와 정부의 최대 과제와 급선무는 거기에 있다. 기초 국민 교육을 받지 못한 사람들, 가난과 병고로 고통받는 사람들, 기본 경제의 혜택을 받지 못해 굶주림을 해결하지 못하는 사람들, 그들에게 보호와 사랑을 베풀지 못하는 국가와 정부는 존재의 의무와 가치를 스스로 포기한 것이다. 이런 성스러운 의무와 책임을 소홀히 하거나 역행하는 정치나 경제 정책은 역사의 심판을 받는다. 정부만이 아니다. 부를 독점하거나 향락으로 소비하는 사람들, 교육받지 못한 국민을 정치적으로 이용하는 공직자들은 사회악의 책임자들이다.

사회적으로 중책을 공인받은 기관들이 있다. 대학 같은 교육기관, 큰 시설을 갖춘 종합병원, 은행들은 기관 자체가 돈을 벌거나 소유하는 기관이 아니다. 사회경제를 돕고 국민을 위해 일하는 봉사 기관이다. 그들은 세금을 받고 국민을 위해 일하는 공무원과 같은 사회적 책임을 가져야 한다. 학교 재벌, 돈 버는 병원, 이권을 좇는 금융기관은 사회경제 질서를 해치게 된다. 부를 차지하고 누리면서 가난과 굶주림으로 고통받는 옆집의 가족을 멀리하는 사회는 부를 누릴 자격이 없다.

**취약계층에
보호·사랑 베풀어야**

지식은 왜 필요한가. 배우지 못한 사람들을 위할 때 그 보람을 얻는다. 의술은 왜 존경받는가. 환자를 위해 사랑을 베푸는 의무 때문이다. 돈을 벌기 위해 의사가 되는 사람은 진정한 의사가 될 수 없다. 재산이 많아도 개인과 가정은 중산층 생활로 자족하고 주변의 가난한 사람을 위해 경제활동을 하는 것이 국가를 위한 성스러운 사명이다. 경제활동의 궁극적인 목표와 가치는 무엇인가. 더 많은 사람의 행복과 인간다운 삶을 위해 부를 쓰기 위한 것이다. 그런 인생관과 가치관을 가진 지도자와 국민이 많은 사회가 최선의 윤리적 가치와 사랑의 성과를 함께 누릴 수 있다.

존 러스킨과 간디가 공감한 진리는 정의로운 공정성은 필수적이며 언제나 타당성을 갖는다는 것이다. 그러나 그 정의로움만으로 인간적 삶의 가치가 완결되는 것은 아니다. 가정에서는 가족 간에 정의를 따지지 않는다. 부부가 정의만 따지면 이혼을 말하게 되며 부모 자식 간이나 형제 사이에 권리와 의무를 전부로 생각하면 싸움으로 번질 수 있다. 교육계와 종교계에서는 정의를 따지지 않는다. 사제간에는 인격적인 사랑이 있어야 한다.

최근 우리 주변에서 학생을 위한 인권 문제를 놓고 교사와 학부모가 싸움을 계속하고 있다. 교사와 학부모는 제자와 자제들을 위해 협력하고 더 수준 높은 사랑으로 이끌어가야 한다. 자녀를 위하는 방법에 의견이 다르다고 해서 자녀를 불행하게 하는 부모는 이미 부모의 자격을 포기한 것이다. 가정과 교육기관, 특히 종교기관에서는 언제나 정의의 가치를 사랑으로 완성하는 길을 선택해야 한다.

대한민국의 역사도 그렇다. 가장 낮은 국가는 강자가 약자를 지배하는 권력 국가가 된다. 우리도 4·19 이전과 군사정권 기간에는 그런 사회에서 살았다. 그 한계를 극복하면서 법이 권력을 지배하는 법치국가로 성장한 것이 지금의 대한민국이다.

그러나 이제부터는 도덕과 인간애의 질서가 열매 맺는 국가로 새로 태어나야 한다. 정치는 주어진 이념이나 정권을 위해 존재하지 않는다. 국민의 행복과 인간 가치를 위해 봉사해야 하며, 그 본질은 나중에 온 사람을 먼저 위해주는 인간애의 정신이다. 그런 사랑을 베푸는 사람이 감사와 존경의 대상이 된다.

지정학적
운명 아닌

역사적 창조가
중요하다

6·25전쟁 73주년에 문재인 전 대통령이 한국전쟁의 지정학적 연구에 관한 저서를 소개하고 일독을 권고했다. 다른 논평 없이 중국 이해와 관계 개선에 관한 두 번째 추천서였다. 문 전 대통령은 집권 후 첫 중국 대사로 노영민 전 의원(이후 비서실장이 됨)을 임명했다. 중국에 관한 관심과 열정이 두터웠다. 집권 기간 중 미국에 대한 비판은 있었어도 중국에 대한 비판은 없었다. 그 정책에 대한 평가는 전문가들의 몫이다.

  2023년에 주한 중국 대사가 야당 대표를 불러 대중 정책을 바꾸지 않으면 불행해진다는 훈시를 했을 때도 문재인 전 정부 인사들은 침묵을 지켰다. 국민은 자연스럽게 민주당의 정치 방향과 성격이 어떨 것이라는 관심과 판단을 가지게 되었다.

내가 관심을 두는 것은 6·25와 같은 정치적 사건에서 지정학적 해명과 연구가 얼마나 큰 의미와 가치가 있는가다. 세계지도는 지구에 존재하기에 주어진 운명적 유산이다. 바꿀 수도 없고 달라질 수도 없다. 자연적으로 결정지어진 전제 조건이다. 공간적 자연 질서는 모든 국가와 민족에게 주어지는 기정 조건이다.

역사는 이미 결정된 공간적 여건과 기반 위에서 벌어지는 민족과 인류의 목적과 선택에 의해서 이루어진다. 시간과 시대적 차원의 유산이다. 지정학적 자연은 인간 역사가 이용할 수 있고 긍정적 선택과 부정적 선택을 할 수는 있어도, 역사를 만들거나 바꾸지는 못한다. 역사는 인간의 시대적 선택에 따른다.

영국과 일본은 유럽 대륙이나 아시아 대륙에 비하면 좁은 국토와 민족에 지나지 않는다. 그러나 언제나 대륙과 일대일로 대처했기 때문에 대등한 관계를 유지할 수 있었고 근대에 와서는 문화적으로 대륙보다 우위의 창조력을 갖추고 있다.

한반도는 그 중간 정도의 작은 국토와 적은 인구로 대처해 왔다. 우리는 그런 지정학적 여건을 부정할 수는 없다. 그러나 그 안에 살면서도 우리 민족과 개인의 선택과 노력에는 차이가 있고 때로는 더 큰 변화를 만들어왔다. 한글과 그 문화적 업적과 영향을 지정학적으로 판단하지는 않는다.

나 개인도 그랬다. 중학교를 졸업했을 때 나를 도와주던 마우리 선교사가 제안해 왔다. 중국 북경 대학으로 간다면 학비와 생활비까지 도와줄 수 있는데 어떻겠느냐고. 나는 중국어도 모르고 중국 책을 읽어본 적도 없어 대학에 간다면 일본 도쿄로 가고 싶다고 했다. 내 뜻을 받아들인 마우리 선교사는 도쿄 와세다대학교 호아시 리이치로(帆足理一郎) 철학 교수에게 소개와 추천 편지를 주었다. 마우리 선교사는 호아시 교수와 오랜 친분을 갖고 있었으며 기독교 신앙의 동지였다. 나는 중학생 때 그 교수의 책을 읽었고 감명을 받은 바도 있어 감사한 마음이었다. 그 혜택으로 호아시 교수의 많은 지도와 도움을 받았다.

지금 회상해 보면 그때 나의 선택이 옳았다. 그 당시 북경 대학에서 수학한 연세대학교 교수와 함께 있으면서 북경 대학의 학문적 수준과 국제적 위상이 일본과 차이가 있다는 것을 깨달았다. 물론 유구한 문화적 유산으로 본다면 아시아에서 중국 문화가 차지하는 비중이 막강하다. 그러나 미래 세계라는 관점에서 비교한다면 일본의 장래가 더 희망적이다.

마오쩌둥을 영도자로 따르는 공산주의 국가가 되면서 중국 정신문화는 우리보다도 후진성을 자초하는 실정이다. 중국과 함께 하는 북한과 일본에 가까운 편인 한국을 비교한다면 그 간격은 좀처럼 좁혀지기 어렵다. 그것은 일본 자체의 창조적인 문화보다는 근대 이후의 서구나 세계 문화와 정신적 동질성을 갖추었기 때문이다. 중국 공산주의 정권은 중국의 존경스러웠던 인문학적 전통을 스스로 포기하는 과오를 범했다. 지금은 한문(漢文) 문화와 일본 문화 그리고 한국 문화가 공존하는 위상으로 바뀌고 있다. 선의의 정신사적 경쟁이 지속될 것이다.

전쟁 없는 평화, 세계사적 사명

그런데 문재인 전 대통령이 중국과 한국을 큰 산과 작은 산으로 비유할 정도의 지정학적 사상을 갖고 있었다면 친중국 정책이 친자유세계보다 유리하며, 그것이 우리의 지정학적 유산이라고 생각했는지 모르겠다. 북한과의 통일을 위해서는 당분간 그 방법이 필요하다고 판단할 수는 있다. 또 정치계의 흐름으로 보아 중국과 북한은 하나가 되었는데 우리는 하나가 될 방향이 아니기 때문에 재임 기간에 친북 정책을 추진한 것 같기도 하다. 그래서 윤석열 정부가 그런 정치적 노력을 역행한다고 불만을 노출해 왔다.

또한 이재명 대통령은 민주당 대표 시절에 이기는 전쟁보다 더러운 평화가 낫다는 발언을 했다. 무슨 뜻인지 이해하기 어렵다. 북한이나 중국과 같은 사회에 사는 편이 전쟁보다 낫다는 뜻이라면 지금 대한민국의 평화를 위하고 인간다운 삶을 위한 국가적 노력은 전쟁을 부추기는 불장난이라는 말로 들린다. 북한 김여정의 발상과 무엇이 다른가. 전쟁은 역사에서 최대의 악이다. 선한 질서와 인간의 가치에 위배해 악을 조장하고 있는 북한 공산정권을 억제해서 전쟁 없는 평화를 유지하자는 세계사적 사명이 무의미하다는 주장은 아니기를 바란다.

긴 세월이 지나기 전에 무력적인 부강을 꿈꾸는 공산 정권보다는 문화 강국으로 공존할 수 있는 대한민국의 이상을 후대에 물려주고 싶은 우리 시대의 사명은 막중하다. 그 목적을 위한 최선의 길이 무엇인가를 찾아야 할 때다. 역사는 지정학적 공간의 유산이 아니다. 자유와 인간애를 구현하고 실천하는 국가이자 선한 열매를 이웃 나라에 베푸는 선진국이 되어야 한다.

누가 자꾸
역사의 시계를

과거로
되돌리나

이종찬 광복회 회장과 더불어 몇 사람과 자리를 같이하게 될 기회가 있었다. 바로 그날 아침 신문에 양승태 전 대법원장에 관한 기사가 크게 실렸다. 문재인 전 대통령의 지시와 김명수 전 대법원장의 합의에 따라 양승태 전 대법원장과 몇몇 판사의 사법 비리를 여러 해에 걸쳐 조사했으나 결백하다는 보도였다. 국민 대부분이 무슨 의도와 목적으로 그런 일을 감행했고, 국력의 낭비는 어떠했는가를 묻게 했다. 잘못을 저지르고도 책임지는 사람이 없느냐는 비판이 가해지기도 했다.

    문재인 정부 때만이 아니다. 노무현 전 대통령 임기 중에도 그랬다. 그 대표적인 사례 중 하나가 친일파 인사들의 명단을 추가로 조사해 발표한 사건이다. 해방 반세기가 지났으면 더 거론하지 않아도 될 일이 아닌가. 이미 발표되었던 친일파 인사들 가운데에서도 거명되지 않아도 될 사람이 있었을지 모른다. 당시의 상황이나 처지를 배려해서라도 추가 명단을 밝힐 이유와 필요성이 있는가 싶었다. 일제강점기라는 슬픈 역사를 안고 살아오는 동안에 있었던 작은 잘못에 돌을 던지는 일은 정치지도자가 할 일이 아니다. 국민 통합과 미래를 위해서라도.

정치에 관심이 있고 배후를 잘 아는 사람들은 김성수나 백낙준 같은 저명인사를 친일파로 추가함으로써 친일파 배척을 목표로 출범한 북한 정권의 정당성을 간접적으로 인정하려는 목적이었다고 지적하기도 했다.

전해 들은 바에 따르면, 그 명단 저작물의 독자가 많을 것으로 예상했는데 구매를 요청하는 사람과 기관이 없어 공공기관에 무료로 기증했다고 한다. 안 해도 될 일을 정치적 목적을 위해 감행했고, 그 결과가 정권에 도움이 되었다면 앞으로도 비슷한 사례가 이어질 것이다.

우연한 기회에 명단 작성에 참여했던 한 교수를 만났다. 김성수 건에 대해서는 상반되는 견해가 있었다는 얘기였다. 나는 "인촌 선생이 친일파냐, 아니냐는 묻고 싶지 않다. 일제강점기에 김성수 같은 지도자가 국내에 없었다면 우리는 독립 국가가 되지 못했을 것이라는 사실은 인정해야 한다"라고 했다.

공식 행사 참석했다고
친일파 취급

내가 마음 아프게 읽었던 기사 하나를 지금도 잊지 못한다. 서울대학교 김성태 음대 교수의 100세 탄신을 축하하는 모임이 있었다. 후배와 제자들이 축하 잔치에 참석했다. 신문사 기자들도 찾아왔다. 그날 김성태 교수가 기자들이 있는 곳까지 찾아가 "나 친일파 명단에서 빠졌어"라고 했다. 앞뒤 실정을 잘 모르는 기자가 무슨 말씀이냐고 물었다. "내가 일제강점기 때 친일파였다고 해서 고민을 하였는데, 항일 사건에 가담했던 기록이 남아 있어 가져다 보여주었더니 친일파 명단에서 빼주었어"라는 설명이었다.

   나는 그 기사를 읽으면서 마음이 아팠다. 김성태 교수는 나보다 10여 년 선배이고 일찍부터 음악계에 진출했으니 몇몇 공식 행사에도 참여했을 것이다. 왜 일제에 협력했느냐는 문책이 있을 수 있겠다. 그러나 그 당시를 산 사람들은 그렇게 생각지 않았다. 오히려 사회 각 분야에서 일본인보다 앞서면 그것이 애국이라고 인정받던 때였다. 김성태 교수가 친일에 반대되는 일을 했다는 기록을 제시하고 명단에서 빠졌다는 얘기다.

    누가 무슨 목적으로 친일파 명단을 확장했는지 묻고 싶다. 다른 사람의 인격과 인생 가치를 평가할 수 있는 권리를 누가 우리에게 주었는가. 그러고도 세상이 정상적으로 성장할 수 있겠는가 묻지 않을 수 없다. 그런 일을 예사로이 저질렀기 때문에 일본은 국가를 범죄자로 전락시켰고, 공산주의 정권은 인류 역사의 규탄을 받고 있다.

눈물 머금고
신사참배했던 교장

내가 중학교 3학년 때, 일본총독부는 선교사 윤산온 교장이 신사참배를 거부했다는 이유로 교장 자리에서 파면했다. 후임인 정두현 교장이 신사참배를 수용하면서 폐교의 위기를 벗어날 수 있었다.

    그때 우리 학생들을 한국인 교장에게 맡기고 떠나던 윤산온 교장의 모습을 지금도 잊지 못한다. 그는 전교생에게 자신의 저서를 남겨주었다. 인생을 살아가는 데 많은 어려움이 있어도 예수님께서 여러분을 지켜줄 것이라는 유언과 같은 내용이었다. 그러면서 '너희들은 무엇이든 할 수 있다, 나라 독립도, 자랑스러운 민족의 장래도 개척할 수 있다'라는 뜻으로 불끈 쥔 오른쪽 주먹을 일곱 번이나 하늘로 쳐들면서 "두(Do)! 두!"라는 고함을 지르고 눈물을 흘리면서 우리 곁을 떠났다.

나도 신사참배를 거부하고 학교를 자퇴했다가 갈 곳이 없어 1년 후에 복교했다. 학기 초에 우리는 참배를 위해 평양신궁으로 끌려갔다. 대열 정리가 끝나고 체육 선생의 호령으로 허리를 90도로 숙이는 최경례(最敬禮)를 했다. 퇴장의 순서는 교장, 선생들, 학생들이 그 뒤를 따랐다. 나는 키가 작은 편이어서 앞자리에서 교장선생의 모습을 보았다. 주름 잡힌 얼굴에 두 줄기 눈물이 흐르고 있었다. 학생들 앞이라 손수건으로 닦을 수도 없었던 것 같다. 나도 눈물을 감출 수가 없었다. 학기 초마다 있는 행사였다. 철없는 우리에게도 너무 가혹한 운명이었다.

하지만 1년 후에 숭실학교는 폐교되었고 학생들은 일본 학교 선생들에게 교육을 받아야 했다. 정두현 교장은 숭실전문학교 교수이면서 교회 장로였다. 우리를 위해 십자가를 져주었다. 우리는 그렇게 눈물겨운 중학 시절을 보내야 했다. 그런 아픈 마음이 오늘의 대한민국을 가능케 했다고 생각한다.

악을 악으로 보복하는 역사는 패망을 초래한다. 악을 선으로 극복하는 나라가 희망을 줄 수 있기 때문이다.

광복은
통일의 완성을 향한

출발이다

우리는 1945년의 광복으로 해방과 독립을 성취하였으나, 한 민족 국가가 두 정권으로 분열되었다. 그동안 통일을 위해서 노력을 계속했지만, 현재 상황으로 이어져 왔다. 북한은 대한민국을 공존할 수 없는 적대 국가로 선언했다. 대한민국은 북한 정권과 우리 동포를 자유 민주국가로 통일할 수 없음을 확인한 지 오래다. 계속되어 온 배신과 전쟁을 체험했기 때문이다.

  무엇이 그 원인을 만들었는가. 공산주의 국가의 탄생이다. 마르크스의 경제이론으로 레닌이 러시아를 정치화시켰고 스탈린 때는 그 실세가 세계화되기 시작했다. 6·25전쟁도 그 하나이며,

최근까지 지속해 온 무력 없는 냉전도 그로부터다.

공산주의 국가 정책은 세 가지 원칙과 철학을 방법으로 삼는다. 첫째는 경제문제 해결이 사회문제 해결의 기본이면서 목적이라는 사상이다. 둘째는 그 구체적 실현을 위해서는 절대권력이 필수적이다. 셋째는 그 목적을 위해서는 어떤 수단 방법도 혁명과 무력으로 감행할 수 있다는 신념과 철학이다. 그 목적을 위해 계급투쟁을 선언했고 또 자유세계와 대립해 왔다.

100년의 세월이 지나는 동안에 공산주의 자체도 수정되고 자유세계는 더 높은 경제 성장을 성공시켰다. 지금은 북한의 김일성 왕가 정치를 제외하고는 러시아와 중국까지도 좌와 우가 진보와 보수로 체질을 개선해 공존하는 사회로 서서히 변화하고 있다.

21세기를 맞이하면서 선진 국가들은 진보나 보수를 넘어 열린 사회를 지향하는 공존의 정신과 질서로 방향을 바꾼 지 오래다. 이런 현실에 직면한 대한민국은 통일을 위해 무엇을 선택하며 책임져야 하는가. 무엇보다도 소중한 과제는 인간다운 삶과 살고 싶은 조국을 위해 우리들의 정신과 삶의 가치관을 재정립하는 것이다.

3000년 이상 지속되어 온 세계 역사의 정신과 인간적 가치를 불과 2세기 동안의 일시적인 이데올로기 때문에 포기해서는 안 된다. 경제관이 그렇다. 경제정책에 실패하고 국민 대부분이 가난과 굶주림에 시달리게 되면 다른 모든 것이 헛수고가 된다. 돌로 떡을 만들어서라도 절대빈곤에서 벗어나야 한다. 그러나 경제가 인간을 위한 삶의 전부도 아니고 삶의 궁극적 목표도 아니다. 정신적 가치의 빈곤은 경제가치를 창출하지 못한다. 인간애의 정신이 배제된다면 경제적 실책과 빈곤은 급속도로 가중될 수 있다. 경제는 빈곤층이 없는 사회 육성에서 출발해 더 높은 경제를 창출할 수 있어야 한다. 경제가 정치 제일의 선결과제이기는 해도 정치의 가치는 윤리와 휴머니즘에서만 완성될 수 있다.

인간애 없는 경제가 지닌 문제

뒤따르는 문제도 있었다. 그런 경제 이념을 성취하기 위해서 정권 의존 정책을 당연시했다. 정권을 차지하지 못하면 가난과 빈곤을 해결할 주체가 없다고 주장했다. 마르크스의 사상에 레닌과 스탈린의 정권 관념이 정치계를 주관했다. 그 정권은 기존 정권과 싸워서 쟁취해야 한다. 정권투쟁이 필수적이기 때문에 경제적 계급관념은 정치적 제국주의와 동행하게 되고 권력 지상 관념에 빠지게 된다.

스탈린은 히틀러보다 더 조직적인 독재정치를 했다. 그 결과, 정권 이념이 존속하기 위해 권위적 상징으로 변했다. 이념을 앞세운 정권은 모든 권위를 독점하는 권력의지를 정당화했다. 그러나 인류의 전통적 가치인 자유와 휴머니즘은 공산주의 정신과 공존을 용납하지 않았다. 민주정치의 등장과 승리가 세계사의 무대를 차지했다. 국민을 위한 정치, 약자를 높여주는 의지, 소외자에게 희망을 주는 민주정치가 공산 정권보다 우위를 점유하게 되었다. 사회복지를 창조해 주는 지도자가 존경과 감사의 권위를 차지하게 되었다.

공산 정권은 자신들의 목적을 위해서는 수단과 방법을 가리지 않는다. 투쟁의 대상이 있어야 성장하고 발전할 수 있다고 믿으며, 우리의 목적이 정당하므로 진실을 거짓으로 바꾸어도 이기면 정의가 된다고 주장한다. 전통적인 가치관까지 거부하며 정신적 혁명 없이는 정치 경제적 혁명도 불가능하다고 강조한다. 진실과 자유를 배제하며 투쟁과 폭력을 성공의 무기로 삼는다.

인류의 절대 가치 저버린
북한 정권

북한의 실정이 그렇다. 진실을 폭력으로 소멸시켰다. 후에는 자유와 인간애의 질서와 전통까지 설 자리를 주지 않았다. 진실과 정의, 자유와 인간애의 가치와 질서를 거부하고 배제하면 남는 것이 없다. 악의 수단과 방법이 선한 의지와 역사의 희망까지 상실케 했다. 악을 악으로 갚으면 공멸을 면치 못한다.

현재의 북한은 민주주의의 정신과 가치를 포기했고 인류의 절대 가치인 인간애와 인권의 존엄성까지 저버린 독재정치를 감행하고 있다. 통일을 위한 우리의 과제는 무엇인가. 북한이 공산 정치의 폐습을 버리고 자유 민주정치로 환원하며 인류 역사의 정도인 휴머니즘의 가치를 지향하도록 이끌어주어야 한다.

물은 높은 곳에서 낮은 곳으로 흘러 균형을 만든다. 가난을 극복하면 자유를 찾게 되고, 교육을 받으면 조화로운 공동체 의식을 찾아 누리게 된다. 남과 북의 동포는 인적 교류와 문화의 동질성을 높여야 한다. 객관적 위치에서 경제 교류를 통해 삶의 질이 높아진다면 정치적 협력과 통일도 충분히 가능해진다. 북한 동포를 위해 정성과 사랑을 증대하려는 노력을 늦추지 말아야 한다.

20세기의 유산,

공산주의를
어떻게 보아야
하나

나는 비교적 많은 여행을 했다. 목적이 있는 여행이었기에 배우고 얻은 것도 많았다. 1961년부터 1962년까지 1년 가까이 미국에 머물렀고 유럽을 돌아보고 귀국했다. 세계여행을 한 셈이다. 10년이 지난 1972년에도 한 학기 동안 미국 대학에 가 있었고, 두 번째 세계여행을 했다. 마흔부터 아흔을 넘길 때까지 공산 러시아를 제외한 대부분의 나라를 찾아가 보았다. 그러는 동안에 20세기 들어 공산국가들의 탄생과 쇠퇴의 과정을 지켜보았다. 그 과정에서 세계의 정신문화와 종교의 관계를 직간접적으로 터득할 수 있었다.

20세기 중반 냉전 시대의 절정기는 이념 전쟁의 기간이었다.

제2차 세계대전이 끝나면서 전 세계는 두 가지 무언의 역사적 희망을 가졌다. 모든 식민지는 해방되며 무력을 앞세운 침략은 허용할 수 없다는 평화의 약속이었다. 그러나 공산국가 소련은 그 혼란과 무질서의 국제적 공간기(空間期)를 이용해 세계 공산화의 사상 아래 무력 침략을 감행했다. 그 대표적 사건의 하나가 6·25한국전쟁이다. 바로 우리나라가 그 세계사적 비극의 무대가 되었다.

소련 공산당의 흐루쇼프 서기장은 쿠바를 공산화하면서 미국 침공의 기지를 구축하려고 시도했다. 미국의 케네디 정부는 제3차 세계대전도 불사하겠다는 신념과 용기로 소련의 침략 의도를 무산시켰다. 이런 냉전 시대를 겪으면서 세계는 미국 중심의 자유 진영과 소련 주도의 공산 진영 어느 하나에 속해야 한다는 역사적 현실을 인정할 수밖에 없었다. 대한민국은 우파 자유를 택했고 북한은 좌파 공산에 흡수되면서 세계적 진영 갈등 상황의 역사적 선례가 되었다.

돌이켜보면 20세기의 역사는 자유 진영과 공산 진영이 서로 대립하며 긴장을 이어간 시기였다. 두 진영의 대립은 일상의 공기 속에도 스며 있었고, 세계를 여행할 때마다 그 갈등의 흔적을 확인할 수 있었다.

냉전 시기 베를린,
무력 없는 전쟁

1962년 여름, 영국에 갔을 때였다. 런던 중심부를 차지하는 하이드 파크에는 점심시간이 되면 두 가지 진풍경이 벌어지곤 했다. 공산주의자들이 소련의 정치를 선전하고 찬양하기 위해 군중을 모으고, 세계 각지에서 모인 특이한 종교 신앙의 선전자들이 사이비 신앙에 가까운 선교에 열중하는 모습이었다.

같은 시기에 서베를린과 동베를린을 여행하면서 세계는 무력 없는 전쟁을 치르고 있다는 사실을 실감했다. 프랑스와 이탈리아에서는 어디에서나 공산당원을 만날 수 있었다. 프랑스의 지성인들은 물론 세계적 철학자들도 공산주의를 긍정하고 찬양하고 있었다. 6·25전쟁은 미국의 지령을 받은 대한민국이 일으킨 침략 전쟁이라고 믿는 사람들도 많았다. 프랑스의 젊은 세대들의 좌경 기류가 당시에는 진보적이라는 평가를 받고 있었다.

아시아에서는 중국이 공산화되면서 전통문화와 사상이 버림받기 시작했고, 일본 대학생들은 좌파 세력을 사상적으로, 학문적으로 받아들일 정도였다. 기독교 교회의 젊은 목회자들까지도 사회주의를 소개해야 지성인다운 대우를 받았다.

그러나 세월이 지나면서 선진국부터 변화가 생기기 시작했다. 내가 10년 후에 두 번째 세계여행을 할 때는 공산주의가 완전히 위상을 달리한 상태였다.

영국이나 독일에서는 공산주의자를 찾아보기 어려웠고, 프랑스와 이탈리아에서도 공산당은 위력을 상실하고 있었다. 이탈리아 밀라노 기차역에서 한 지성인을 만났다. 그는 18년 동안 공산당원으로 활동해 왔는데 지금은 반공에 앞장서고 있다면서, 박정희 대통령의 7·4남북공동성명에 관한 평가까지 언급했다. 그는 거짓과 폭력을 배제하면 공산주의는 존재하지 못한다고 주장했다. 자신도 소련에 가서 그 정체를 깨닫게 되었다는 고백이었다.

일본도 마찬가지였다. 내가 만난 자민당 정책실장은 1960년대에 여름 방학 기간마다 30만 명에 가까운 일본 대학생들의 외국 여행을 뒷받침했는데, 해가 갈수록 좌파 학생들의 수가 줄어들었다고 회고했다. 좌파 학생들 대부분이 소련을 방문하면서 일본보다 후진국인 것을 발견한다고 했다. 일본보다 개성 있는 정신문화를 갖춘 선진국은 모두가 자유 국가임을 알게 된 학생들이 늘어나면서 이제 곧 좌파 학생 없는 사회가 될 거라고 주장했다.

정치나 경제는 좌우의 양극적 대립도 아니고 마르크스주의 사회적 모순이론도 아닌 공존의 정신과 질서로 진화하게 되었다. 선진국일수록 빠른 속도로 변화를 추진했다. 좌가 진보로 바뀌고 우가 보수 세력을 대신하면서 보수와 진보는 공존하고 서로 협력할 수 있다는 발전적 진화가 이뤄졌다.

중국과의 수교 이후 20여 년 전부터는 중국의 여러 지역을 여행했다. 연변과학기술대학 행사로 몇 차례 다녀왔고 북경의 한인 교회에서는 설교와 강연도 했다. 중국 4대 대학 주변의 서점에 들러 대학생들이 어떤 독서를 하는가도 살펴보았다. 공산국가에서는 자연과학과 사회과학의 비중은 컸으나 자유 국가와 같은 인문학은 허용되지 않았다. 사상의 자유가 통제되었기 때문이다.

그러니까 문학적·철학적 연구와 창조성이 사라지고 실질적으로는 종교가 금지되어 있어 독서 문화가 전반적으로 위축되어 있었다. 극히 제한된 소수의 인문학과 사상 서적만이 눈에 띄었다. 인문학의 주류를 차지하는 역사학 저서들은 공산주의와 공존할 수 있는 방향으로 내용을 왜곡시켰다. 마오쩌둥 시절에는 전통적인 중국의 고전도 금서(禁書)가 되었을 정도였다.

지금의 중국은 어떠한가. 공산주의 사상과 정신은 비판의 대상이 되기도 하지만 공산 정권은 유지되는 상황이다. 경제는 자유 시장 무대와 교류하면서 경제를 좌우하는 정부 정책과 맞지 않는 모순을 겪는 실정이다.

공산주의도
종교 국가는 못 뚫어

뜻밖의 현상도 있다. 기성 종교가 국가적 가치로 인정받는 국가에서는 경제적 후진성에도 불구하고 공산주의가 침투하지 못했다. 가령 공산주의의 반(反)종교 정책 때문에 그렇다. 중동 지역은 물론이고 인도와 동남아시아의 종교적 토양 자체에서는 공산주의 사상이 자라나기 어렵다.

오늘날 후진국을 점령한 공산주의는 정치 이념이나 사상이라기보다는 좌파의 정권 쟁취와 유지를 위한 필수조건이 된 실정이다. 그 과정에서 공산주의는 성쇠를 거듭하고 있다. 운명적 종말을 맞지 않으려고 노력하는 북한은 이미 공산주의 자체를 변질시켜 버렸다. 김씨 왕조 시대로 진입한 지 오래다. 하지만 모든 이데올로기는 결국 휴머니즘에 흡수되기 마련이다. 휴머니즘은 영구한 가치를 계속해서 창조하기 때문이다.

역사는

열린사회로
가고 있다

20세기 중반기까지는 온 인류가 불안과 고통의 세월을 보냈다. 지구상에 그렇게 망명자와 표류하는 사람이 많았던 시기가 없었다. 우리는 그 시대를 '냉전 시대'라고 불렀다. 사회와 역사의 절대 가치를 신봉하는 공산주의가 그 발단을 만들었다. 이에 대응해야 하는 민주주의 사회도 자유의 존엄성을 지키기 위해 그 반대편에 설 수밖에 없었다. 우리는 냉전을 치르면서 둘 중 하나가 남고 다른 하나는 역사 무대에서 사라질 것이라 우려했다. 소련과 미국이 뒷받침하는 유럽이 양대 세력으로 인정받게 되었다. 냉전 시대의 소용돌이에 빠져 희생의 제물이 된 것이 우리의 6·25전쟁이었다.

일어나지 않을 수도 있었던 무의미한 희생이었다.

이런 비극을 치르는 동안에 세계 지도자들이 새로운 역사의 장을 열어주었다. 좌와 우의 양극 세력에서 절대 가치의 모순을 깨달을 수 있도록 해준 것이다. 사회에는 중간이 없는 모순 논리가 존재하는 것이 아니고 중간 가치, 즉 절대가 아닌 상대 가치가 있어야 하고 그것이 역사적 현실임을 경험한 것이다. 그 결과로 나타난 것이 좌파가 진보 가치로 발전하고 우파가 보수의 위치로 바뀌면서 공존하게 된 것이다.

20세기 후반에 진입하면서 한 사회 속에 진보와 보수가 공존하는 것이지 좌나 우의 독존(獨存)은 있을 수도 없고 존재해서도 안 된다는 상대주의 가치관과 공존의 의미가 인정받게 되었다. 영국 같은 나라가 그 모범을 보여주었다. 그동안 인류는 위기에서 벗어나 새로운 발전을 위한 노력을 계속했다. 북한은 아직도 절대 가치를 유지하기 위해 주체사상이나 유일 체제를 견지하고 있다. 중국은 언젠가 야당이 공산당과 비중을 같이하게 되고 세계 역사가 밝아질 때가 올 것이다. 과학자들도 상대성원리를 믿고 따를 정도로 세상은 바뀌고 있다.

불행하게도 우리는 아직 세계사적 변화와 발전의 의미를 깨닫지 못하고 있다. 소수의 후진국을 제외하고는 극복한 지 오래

된 좌와 우의 양극 논리를 넘어서지 못하는 것 같다. 한때는 운동권 학생들과 그들의 주장을 따르는 젊은이들이 마르크스주의를 교과서같이 받아들이기도 했다. 좌파 세력이 유례없이 강렬했던 일본의 운동권 젊은이들도 그 논리를 포기한 지 오래되었다. 이제 일본에서는 좌파 운동권 사람을 찾아볼 수 없을 정도다.

21세기를 맞이하면서 세계 역사는 한 단계 더 새로운 발전을 시도하고 있다. 그것은 당연한 세계 역사의 흐름이다. 일부 철학자들이 그 사상적 진로를 제시했다. 그것이 열린사회에 대한 제안이었다. 역사는 폐쇄적인 닫힌사회를 지향했던 국가들이 마침내는 소멸하거나 후퇴했고 열린사회를 수용해 발전시킨 나라들이 성장과 발전을 거듭했다는 사실을 입증해 주었다. 공산주의 소련이 지금의 러시아로 환원될 수밖에 없었고, 북한과 같은 폐쇄 국가도 그대로 고립시켜 두면 스스로 붕괴하거나 변질될 길밖에 없다고 보는 것이다.

열린사회를 지향해 성공한 나라에서 절대주의가 상대주의로 바뀌었듯 상대주의적 가치가 다원 가치, 즉 다원사회로 진보한다고 보는 것이다. 그런 다원사회를 육성해 온 대표적인 국가가 미국일 것이다. 민족의 다양성은 물론이고 종교적 가치까지도 다원성이 유지되고 있다. 문화와 정신적 영역에 속하는 다원성이 공존하고 있다. 유럽의 지도자들이 그 뒤를 따라 다원사회의 타당성을 인정하게 되었고 그 결과로 태어난 것이 유럽연합(EU)이다.

앞으로는 유엔의 역할과 역사적 책임이 증대되면서 세계와 인류를 하나로 하는 다원 가치를 확대시켜 나가게 될 것이다. 그것이 21세기의 출발이며 우리는 그 역사적 과정의 일익을 책임지고 있다.

한국 경제,

국민은
이렇게 생각한다

60년이 지난 이야기다. 미국의 젊은 경제학자와 대화를 나눈 적이 있다. 내가 물었다. 처음으로 미국에서 몇 달을 보냈는데, 한 가지 의문이 생겼다. 여기 미국이라는 수박이 있는데, 정치적인 면에서 보면 큰 틀의 의회민주주의가 최선의 정책이라고 생각되지만 경제정책은 자본주의보다는 영국, 캐나다와 같은 사회정책이 더 앞선 것 같다. 그런데 미국인들은 민주주의와 자본주의를 하나로 본다고 했다. 내 질문을 들은 상대방의 대답은 나와 달랐다.

바로 몇 달 전에 소련의 니키타 흐루쇼프 공산당 서기장이 미국을 방문해 유엔총회에서 연설을 끝내고 뉴욕 거리를 시찰했다.

록펠러센터를 둘러본 흐루쇼프 서기장이 "개인 한두 명이 이렇게 엄청난 재산을 소유하는 반면에 얼마나 많은 가난한 사람들이 그 밑에서 고생하겠느냐?"라고 했다. 다음 날 「뉴욕타임스」의 기자가 그에 대한 비판문을 실었다.

"흐루쇼프 서기장은 어떤 기업체나 경제 시설이 개인의 명의로 등기되었다고 해서 그것을 그 사람의 소유라고 착각하는 것 같다. 미국에서 그렇게 생각하는 사람은 없다. 학자는 학문을 통해 사회에 기여하고, 정치가는 정치를 통해 국가의 일을 돕듯 기업가는 경제활동을 통해 사회에 봉사하는 것이다. 기업가가 소유하는 것은 그 기업의 경영권이고, 기업가는 기업을 통해 얻는 잉여 재산을 사회에 제공하는 책임을 맡은 사람이다."

미국도 초창기에는 경제가 개인의 소유 체제였다. 그러나 소유에는 한계가 있고 경제 규모가 커질수록 재산은 사회의 공유물이라는 것을 깨닫게 되었다. 사회주의와 공산주의의 도전을 극복하기 위해서라도 이는 불가피한 과정이었다. 200년이 지난 현재, 기업인은 사회에 대한 기여 체제로 탈바꿈하지 않는 한 존립할 수 없다는 것이 미국 자본주의의 상식으로 바뀌었다는 것이다.

나는 그의 설명을 들으면서, 공산주의 경제는 자기모순을 내포하고 있기에 성공하지 못할 것이고, 영국이나 캐나다가 택하고 있는 사회정책은 소망스러운 방향이기는 하나, 경제는 기업을 통한 기여 정책과 체제가 우위를 차지할 것이라고 생각했다. 록펠러는 사회적으로 대단한 기여를 했다. 체이스맨해튼은행도 그렇다. 록펠러는 5퍼센트의 주주일 뿐이다. 법적 한계선이다. 95퍼센트의 주식은 전 세계 누구나 가질 수 있다. 그 이윤은 미국과 세계의 필요한 곳으로 혜택을 주어왔다.

그때 내가 얻은 생각은 미국의 자본주의는 휴머니즘과 기여 정책이 유지되는 동안은 성공할 것이며, 그 이상의 경제정책은 찾기 어려울 것 같다는 견해였다. 그 정신과 전통이 지금은 선의의 시장경제로 보급된 셈이다. 일본이 그 뒤를 계승해 경제 대국이 되었고 중국도 경제 노선은 공산주의가 아니라 그 뒤를 따르고 있다.

우리도 미숙하기는 하나 지금까지 비슷한 노선을 지켜왔다. 그런데 우리에게는 두 가지 큰 과제가 남아 있다. 그 하나는 큰 기업체의 총수들이 국민에게 존경받을 만한 인격과 기여 정신을 갖추지 못했다는 것이다. 오래전 일본의 소니사 간부에게 한국 기자가 회사 설립의 목표가 무엇인지 질문했다. 그는 "우리 회사에서 근무하는 직원들이 누구보다도 행복한 삶을 누리도록 돕는 책임이다"라고 대답했다.

20여 년 전이다. 내가 다닌 모교의 경제학 교수가 한국에 왔을 때였다. 고려대학교의 조기준 교수가 "일본 경제의 원동력이 무엇이었는가"라고 물었다. 그의 대답은 뜻밖이었다. 일본의 대학생과 젊은이들이 모두 좌경해 있을 때였는데도, "정치 지도자들을 믿고 따르느냐"라고 묻는 여론조사 결과 40퍼센트가 "그렇다"고 했고, 기업계의 지도자들에 대해서는 60퍼센트가 긍정적이었다는 것이다.

무엇보다도 소망하는 일은 존경받는 기업인이 많아지는 것이다. 유한양행의 창설자인 유일한, 한국유리의 사장이었던 최태섭과 같은 지도자 정신이 아쉽다. 언제, 어느 사회에서나 존경받을 만한 지도자들이다.

북한의 경우는 우리와 반대였다. 기업체의 사장과 지주들은 노동자와 농민의 원수라고 모두 추방했다. 노동자와 농민을 대표하는 공산당이 경제 전체를 장악하고 운영했다. 북한은 국가가 경제를 100퍼센트 관리하는 경제 국가주의를 택한 것이다. 그 결과가 북한 동포의 빈곤을 초래했다.

우리 사회에도 좌파 경제학자가 있고 한때 운동권을 이어받은 사람들이 그 뒤를 따르고 있다. 그럴 수 있다. 그러나 사상에는 유일성이나 절대이념은 있을 수 없다. 그들이 책임 맡고 있는 국가의 경제 분야에서는 독선적인 판단이나 정책을 강요해서는 안 된다. 국가 경제의 장래와 국민이 누리고 있는 자유와 행복을 정책의 수단이나 방법으로 삼는 일은 용납될 수 없다.

판단과
선택은

국민의
권리다

우리 근현대사를 연구하는 사람들은 흑백논리적 의식구조와 사고방식이 얼마나 큰 불행의 요소였는지 의심하지 않는다. 현실에서는 완전한 흑과 백이 존재하지 않는다. 그 중간의 회색이 있을 뿐이다. 밝은 회색과 짙은 회색의 차이가 있다. 그런데 우리는 서로를 회색분자라고 배척한다. 자신도 그중 한 사람이면서. 사회생활에는 절대적 가치가 없다는 사실을 몰랐던 것이다.

그런 현실은 우리만의 문제는 아니다. 근대화 과정을 주도해 온 서구 사회도 예외는 아니다. 경험주의 전통을 육성시키고 발전시켜 온 앵글로·색슨 사회를 제외한 대륙의 국가들도 비슷한 과정을 밟았다. 그들의 합리주의 정신은 수용할 수 있다. 그러나 독일의 관념론적 변증법은 세계적 공감을 받기 어렵다.

대표적으로 헤겔의 철학을 가리켜 "그는 거대한 관념의 궁전을 건축했으나 자신은 그 안에 살지 못하고 입구에 있는 수위실에 거주했다"라는 혹평도 있었다. 실용주의자들은 관념 철학자들을 "집을 땅에서 지어 올리지 않고 하늘에서 지어 내려온다"라고 풍자하기도 했다.

그런 정신적 관념론을 물질적 기반의 상층구조로 전환시키고 모든 사회생활의 기초는 경제로부터 출발해 물질적 가치로 환원한다고 주장한 사상가가 카를 마르크스였다. 그는 경제적 생산성 여하에 따라 사회구조가 변한다고 보았다. 그리고 생산과 소비의 최선의 방법은 공동생산과 소비의 사회라고 주장했다. 이 방법이야말로 자본주의의 갈등과 모순을 해소하고 유토피아로 가는 과정으로 본 것이다. 중요한 것은 그 경제사회학적 변증론이 모순 논리를 따르기 때문에 우리가 우려하는 흑백논리와 차이가 없다는 점이다. 역사적 현실을 개혁하는 목적을 위해서 중간이 배제된 대립과 투쟁의 과정을 택했다. 권력을 앞세우는 모순 논리는 투쟁과 때로는 혁명까지도 감행하게 된다. 계급투쟁과 문화혁명이 그런 위험성을 안고 있었다.

그러나 흑백보다 더 진취적인 공산주의도 경제 수준이 높은 사회로는 확장되지 못했다. 자유경제를 신봉하는 경험주의 국가가 언제나 국민 생활의 상위를 차지했기 때문이다. 일본은 한때 마르크스 사상에 도취된 듯 보였으나 지금은 공산주의를 따르는 사람을 찾아보기 힘든 사회가 됐다.

어떤 사람들은 지금에 와서 그런 과거를 왜 문제 삼느냐고 말한다. 그런 이들은 자기모순과 당착에 빠져 있다. 우리는 북한 동포와 공존해야 하기 때문이다. 이념과 정권의 차이는 해소하기 어려워도 동포애를 인간애로 승화시키며 자유와 휴머니즘을 이끌고 가는 통일은 민족적 과제이기 때문이다.

그렇다면 우리에게 주어진 과제는 무엇인가. 모두가 인정하는 사회과학의 기본과 원칙을 지키고 따라야 한다. 사실을 사실대로 보면서 진실을 찾고 그 진실을 토대로 가치판단을 내리는 책임이다. 사실을 은폐하거나 왜곡하는 것은 용서받을 수 없는 사회악이다. 우리가 언론의 자유를 존중하며 지성인들의 양심을 믿는 이유가 거기에 있다. 마르크스주의자들처럼 정치적 이념을 위해 진실을 가리거나 허위를 진실로 가장하는 것은 애국적 행위를 배반하는 범죄가 된다.

가치판단이란 무엇인가. 국가와 민족의 장래를 위한 선택이다.

이때 기준이 되는 것은 국민 다수의 선택이다. 정부는 국민의 선택을 외면하거나 거부해서는 안 된다. 국민 전체의 애국심은 물론 정치인들도 정권욕을 앞세우는 우를 범해서는 안 된다. 국민을 정치적 목적의 수단으로 삼는 정권은 존재할 수 없다.

문제는 사실에서 진실을 찾아야 한다는 것이다. 그리고 판단은 우리 모두의 의무이자 권리다. 극히 상식적인 예를 들어보자. 춘원 이광수는 친일을 했다. 그러나 같은 시대를 산 우리들은 그의 문학작품 등을 통해 영향을 받았으나 그를 따라 친일파가 된 일은 없었다. 그의 변절이 안타까울 뿐이다. 박정희는 반민주적 독재를 했다. 그러나 그의 집권 기간에 우리나라는 절대빈곤에서 벗어나기 시작했고 오늘의 경제기반을 구축할 수 있었다. 우리의 평가보다도 국제적인 긍정 평가가 더 높을 정도다. 나는 교육계의 몇몇 선배들이 친일파 명단에 들어가 있다는 소식을 들었다. 그러나 그 당시 그들의 열성적인 교육활동이 없었다면 자주독립의 저력을 육성할 수 있었을까를 의심한다.

모든 공적은 다 지워버리고 부정적 의미만 남긴다면 어떻게 우리 민족이 성장할 수 있겠는가. 사실에 대한 가치판단은 국민의 몫이다. 어떤 정권이나 이념적 편 가르기가 주어진 과제가 아니다.

국민이
원하는

대통력의
자격

우리는 열네 명의 대통령을 두고 70여 년의 나라 살림을 해왔다. 그중 국민에게 존경받고 성공한 대통령은 몇 사람이었을까. 이승만 전 대통령과 박정희 전 대통령은 업적에서는 훌륭했으나 그들과 같은 말년을 누구도 원치 않는다. 문재인 전 대통령은 스스로 만족스럽고 모범적인 5년을 보냈다고 자찬하지만 무엇을 남겼는지 국민은 알지 못한다.

    그래도 김영삼 전 대통령과 김대중 전 대통령은 기억에 남는다. 정치적 역량은 김대중 전 대통령이 높았으나 정의감과 청렴성에 있어서는 김영삼 전 대통령이 존경스러웠다. 그렇다면 실패한 대통령이 더 많았다는 결론이 나온다.

앞으로는 어떤 대통령을 기대하는가. 대통령은 국민과 함께 살다가 선출되는 것이기에 인격적으로 결함이 크거나 선량한 국민 이하의 지도자는 자격이 없다. 이는 무엇을 뜻하는가. 존경할 만한 인격은 타고난 것이 아니다. 노력해서 얻은 사회적 선물이다.

지도자가 타고난 본성인 성격을 조절하지 못하고 본능적 욕망에 빠지거나 권력의 노예가 되면 동료를 이끌어가지 못한다. 그래서 존경스러운 친구가 많은 지도자는 성공하지만 부하(部下)만 있는 지도자는 실패하게 된다. 대학 공동체도 그렇다. 존경받는 교수를 이끌어가는 총장은 성공과 사회적 기여를 할 수 있으나, 내 행정에 따르기를 요구하는 총장은 실패하는 것이 공동체 규범이다.

지도자의 무지는 사회악을 남긴다. 특히 고정관념이나 선입관념의 노예인 사람은 국가와 공동체의 성장과 발전까지 저해한다. 여기서 무지는 높은 수준의 상식과 지도자다운 식견을 갖추지 못한 것을 뜻한다. 지도자는 세계 속에서 한국을 살필 수 있고, 역사의 과정 안에서 내가 처해 있는 과업이 무엇인지 알아야 한다. 우물 안 개구리는 버림받게 되고, 물오리가 되어 이 논 저 논 날아다니는 식견과 위상으로는 지도자가 되지 못한다.

모든 문제를 전체적으로 관찰하며 역사적 흐름을 깊이 성찰할 수 있어야 한다. 공산주의자나 종교적 신앙의 울타리 안에만 머무는 지도자, 자신의 신념을 절대적 진리로 착각하는 지도자는 사회에 병을 유발한다. 공동체의 미래지향적 발전과 가치를 창출하지도 못한다. 열린사회와 공존의 가치와 질서를 찾아 이끌어가는 것이 지도자의 사명이다.

정치 지도자의 가장 위험한 발상은 정치 그 자체가 공동체의 궁극적 목표라는 관념이다. 정치는 더 높고 고귀한 목적에 도달하기 위한 수단과 과정이다. 국민 성장을 위한 교육, 문화 창조에 따르는 정신과 예술적 풍요로움, 소외된 계층을 위한 경제와 보건의 향상 등이 지도자의 공통된 의무이면서 정치의 궁극적 목적이다. 정치를 목적으로 두면 어느 순간 통치자로 자처하게 된다.

지도자 개인과 소수의 집단을 위한 정치는 배제돼야 한다. 지도자는 어떤 사람인가. 내가 소속된 공동체를 위한 봉사자다. 그 공동체가 국가라면 지도자는 국가와 국민을 위해 어떤 봉사를 했는가에 따라 평가받는다. 자신의 명예, 권력, 소유를 위하는 지도자는 버림받아야 한다. 우리가 도산이나 인촌을 존경하는 이유는 자신보다 유능한 동료를 앞세우고 뜻을 같이하는 후진들을 위해 헌신하는 모범적인 모습을 보여주었기 때문이다.

대통령은 삶의 가치와 의미가 무엇인지 깨닫고 실천해야 한다.

진실을 버리고 거짓을 택하는 사람, 대화와 협력을 배제하고 폭력을 일삼는 사람, 선한 목적을 제시하면서 수단과 방법을 가리지 않는 사람은 지도자가 되지 못한다. 우리는 그런 사람을 너무 많이 보아왔기 때문에 그런 사회악의 습성을 버리지 못하고 있다. 그런 사람들은 결국 국민을 수단과 방법의 도구로 삼는 범죄자가 된다.

정치인도 정치 이전과 이후에는 국민의 한 사람이다. 인간다운 가치와 의미를 위해 노력하는 인간 중 하나다. 그렇기에 정치인도 인간의 도리를 지키면서 성장해야 하는 의무를 소홀히 해서는 안 된다. 휴머니즘 가치는 역사와 공동체를 이끌어가는 영구한 의미를 지닌다. 진실과 정직, 정의와 공정, 양심의 자유에 따르는 선의 가치, 이 모든 것을 완성하는 인간애와 인간 존엄성을 공유하는 노력과 질서가 우리 모두의 궁극적인 가치이자 목표다.

그 목적을 달성시키는 정치적 최선의 방도가 민주주의다. 인권을 존중하며 위하는 인간애의 길이다. 대통령제나 내각제도 공동체 구성원의 선택이다. 개인의 자유와 창조력을 앞세우는 자유민주나 선한 사회를 통해 개인의 행복을 추구하는 사회민주도 국민의 선택에 속한다. 그것이 3000년을 통해 터득한 휴머니즘의 길이다. 대한민국은 그중에서 자유민주의 길을 택했다. 대통령은 그 방향과 목적을 위해 국민을 선도하는 지도자여야 한다.

역사의 강물은

바다로 흐르게
되어 있다

프랑스의 문학가 로맹 롤랑(Romain Rolland, 1866~1944)은 세계적인 작가이다. 러시아의 대문호 레프 톨스토이 전기를 썼으며 『장 크리스토프』 등으로 1915년에 노벨문학상을 수상했다. 마하트마 간디가 유럽을 방문했을 때 롤랑과 만나 우정을 나누기도 했다. 롤랑, 간디, 톨스토이가 가진 공통된 인간애 정신은 그 시대에 영향을 남겼다.

롤랑이 『장 크리스토프』를 쓰기 위해 여러 해 동안 저술에 열중했을 때였다. 그의 친구는 『장 크리스토프』가 훌륭한 작품으로 완성되길 염원했다. 작품이 완성될 즈음, 롤랑을 찾아가 "작품에 만족하느냐?"라고 물었다. 롤랑은 "대단히 만족스럽고 아끼고 사랑하는 작품을 완성했다"라면서 "이렇게 정성을 다한 작품을 누구에게 주겠는가. 원고를 그대로 간직하고 있다가 죽을 때 관에 넣어 가져가고 싶은 마음"이라고 답했다. 롤랑은 노벨문학상 상금을 국제적십자사에 기증할 만큼 인간애를 염원한 휴머니스트였다.

만일 그의 농담처럼 원고를 공개하지 않았다면 어떻게 됐을까. 작가의 삶과 의미가 사라져 버렸을 것이다. 프랑스와 인류는 박애정신으로 가득한 정신적 유산을 상실했을 것이다.

우리는 소중한 것을 소유의 대상으로 삼는다. 경제적 가치, 권력과 정치 의욕, 지성인의 명예욕도 마찬가지다. 소유의 대상으로서의 유산은 소유가 끝나면 존재 가치도 사라진다. 서로 주고받는 데서 삶과 역사의 의미를 이어가는 것이 인생의 도리다. 그런 정신적 지도자가 톨스토이였다. 간디의 정신과도 맥이 닿아 있다.

롤랑, 간디, 톨스토이가 남겨준 정신과 생애는 그들의 정신적 유산을 통해 더 높은 삶의 가치로 남았다. 학문과 예술의 목적은 무엇인가. 인간애의 정신이다. 역사적 유구성과 인류 전체로서의 공동체에 대한 의무와 봉사다. 소유, 공존, 인간애로 이어지는 정신이다.

한 세기가 지났다. 지금은 프랑스를 포함한 유럽과 공산국가 러시아를 거쳐 미국이 세계 역사를 주도하는 시대가 됐다. 지금까지 미국을 이끌어온 정신은 기독교가 남겨준 휴머니즘과 자본주의 정신이다. 많은 경제학자는 미국의 자본주의가 퇴보할 것이라 예언했다. 공산주의자들도 미국 자본주의가 역사에서 영원히 사라질 것이라고 단언했다. 그러나 미국 자본주의 경제는 지금까지 세계 경제를 이끌어오고 있다. 그 경제정책이 기독교 정신을 기반으로 형성되었기 때문이다. 기독교회는 성쇠의 과정을 밟았으나 기독교적 휴머니즘은 현재에도 존속되고 있다. 전 세계가 휴머니즘 정신을 계승하는 경제는 희망적이라고 인정한다.

1962년, 하버드대학교에서 머물 때였다. 미국을 대표하는 신학자 라인홀드 니버(Reinhold Niebuhr, 1892~1971)가 학생들에게 남겨준 교훈을 지금도 기억한다. "지금 미국은 선조와 선배들의 경제적 혜택을 물려받아 세계에서 가장 부유한 나라가 되었다. 그 혜택을 우리가 받아 누리는 것이 당연하다고 생각하면 미국에는 희망이 없다. 그 경제적 부를 가난한 나라를 위해 베풀 수 있을 때, 미국은 세계적 지도력을 갖추며 인류에게 희망을 줄 수 있다"라는 내용이었다.

21세기에 들어서면서 교회는 유지되고 있지만 '공존을 위한 인간애'의 정신은 소외되기 시작했다. 도널드 트럼프 미국 대통령은 세계 질서보다도 미국의 경제 권력을 앞세운다. 역사를 움직이는 세력은 미국이 경제적 부를 독점해 국제적 우위를 차지하면 그만이라는 사고를 갖고 있다. 세계보다는 미국, 문화와 정신적 가치보다는 경제적 위력, 미국 주도의 위상을 실천에 옮기고 있다. 인류 공존의 질서까지 주도하겠다는 공언마저 삼가지 않는다.

그러나 미국 내에서도 그 방법과 과정이 정도가 아니라는 비판이 나오고 있다. 빌 게이츠는 2000억 달러(약 275조 원)를 아프리카 보건의료에 사용하겠다는 계획을 밝혔다. 미국의 부보다는 인류를 위하는 기여가 미국의 의무임을 보여주고 실천에 옮긴 것이다.

시릴 라마포사 남아프리카공화국 대통령은 트럼프의 주장과 훈계를 받고 "대통령님, 저는 당신께 드릴 비행기가 없습니다"라고 응수했다. 경제적 부가 인권보다 중할 수는 없다는 뜻이다. 그 정신이 미국의 전통이었다.

우리는 제2차 세계대전을 승리로 이끌어준 미국의 정신과 노력을 높이 평가한다. 6·25전쟁을 함께 치르면서 미국을 군사·경제의 동맹국으로 받아들인 것을 자랑스럽게 생각한다. 오늘날 한국 사회의 정치적·경제적 번영을 함께했기 때문이다. 동맹의 가치는 세계와 인류의 미래를 위해서도 필요하다. 앞으로 세계 역사는 누가 이끌어가는가. 인간애의 정신으로 세계 질서를 정착시키고 인류 전체의 희망을 되찾아 주는 나라와 사회다. 인류의 역사는 영원한 정신적 가치를 증대시키는 나라와 사회만이 이끌어갈 수 있다.

지도자가 없는

21세기를
살아가고 있다

2025년 9월 3일에 베이징에서 전 세계인이 주목하는 큰 행사가 열렸다. 그러나 세계가 기대했던 미래지향적 가치와 희망의 메시지와는 반대로 인류의 장래를 더욱 참담한 상황으로 유도하는 암시였다.

    시진핑과 푸틴의 발언과 자세는 지도자로서의 면모를 보여주지 못했다. 우리는 무엇을 위해 어떻게 할 것이라는 기대와 희망이 없었다. 광장을 가득 메운 군인의 얼굴에서는 인간다운 삶의 모습이 보이지 않았다. 자아의식도 없고 인생을 제물로 바친 인간 로봇의 모습이었다. 젊음과 자신의 미래를 빼앗긴 움직이는 인형을 보는 듯했다. 광장을 메운 국민의 표정도 마찬가지였다. 저 세 사람의 지도자 밑에서는 그 지도자 이상의 사상과 인간적 가치를 찾아볼 수 없다는 인상을 남겼다. 북한의 우리 동포들을 생각하면서 깊은 죄책감을 숨길 수 없었다.

저 세 사람의 사상과 사회에서는 휴머니즘이 사라진 지 오래다. 시진핑은 제2의 마오쩌둥이 되기를 바란다. 중국 공산당은 2000년 전통을 이어온 정신적 유산을 포기하고, 마르크스, 마오쩌둥의 가치관과 세계관을 다시 탄생시키려고 노력했다. 인간과 사회의 기본 가치인 정직과 진실, 정의와 자유, 인간애의 정신은 안중에 두지 않았다. 정치와 권력이 사회와 역사의 모든 영역을 이끌어간다고 믿는다. 모든 학문과 사상의 기본이 되는 인문학을 배제하고 포기한 지도 오래다. 한 번도 자유와 사랑이 있는 질서 사회에서 살아본 경험도 없었다. 선진 국가의 위치에서 본다면 더 높은 인생관과 세계질서를 배우지도, 체험하지도 못한 지도자들이다. 정신문화와 가치는 사라지고 권력과 무력이면 세계를 점령할 수 있다는 반(反)인류적 꿈을 그대로 연장한다는 선언도 삼가지 않는다. 그런 지도자 밑에서는 그 이상의 국민이 태어나기 힘들다.

우리는 어떤가. 국민의 수준은 러시아나 중국보다 앞서 있다.

독재정치와 군사정권의 권력국가를 넘어 법치국가에서 민주주의와 자유, 정의의 질서를 누리고 있다. 남은 문제는 법치국가를 질서국가로 성장시켜 국민의 자유로운 정신적 질서가 성숙한 사회로 한 단계 더 올라가야 하는 것이다. 인간적 가치가 주도하는 선진 국가로 가는 길이 남아 있다.

그러나 그 희망이 보이지 않는다. 그런 책임과 의무를 감당할 사회 지도층이 형성되지 못하고 지도자가 없기 때문이다. 지금 같은 상황이라면 50년의 세월이 더 필요할지 모른다. 선진 국가로 나아가기 위해서는 경제적 중산층과 사회적 지도층이 급선무다. 대학 출신 인구가 그렇게 많으면서도 사회적 지도자의 자질과 위상을 갖추고 있다는 자부심이 없다. 공직자들이 대낮에 음주 운전을 예사로 저지른다. 60대 이상의 어른들까지 사회악의 습성을 버리지 못한다. 젊은 후진들에게 무엇을 남겨주려 하는가.

한마디로 말하면 지금과 같은 대학을 갖고 있으면서도 자아와 인간 교육은 전무했다고 볼 수도 있다. 학교 교육은 그 목적을 위한 기초단계에 불과하다. 그러니까 경제적 중산층은 있으면서도 정신적 지도층까지는 성장하지 못했다. 자신은 더 배울 것이 없고 지금으로 족하다는 교육자나 지도자는 스스로 성장을 포기한 셈이다.

어떤 인간 교육이 중요한가. 사람은 모두가 공동체의 일원으로 살게 되어 있다. 가장 위험한 암적 병폐를 자신과 사회에 남겨주는 주체는 '이기주의자'들이다. 이기주의자들은 더 강력한 이기적 욕망을 채우려고 이기 집단을 형성한다. 그 이기 집단들이 대결과 투쟁을 일삼게 되면 그 공동체는 파국을 면치 못한다. 우리가 지금 그런 사회적 죄악을 범하고 있다. 노사가 투쟁해 경제 공동체를 파괴한다. 정당들은 정권을 위해 국가의 운명과 민심도 아랑곳하지 않는다. 그런 사람이 사회 지도자가 되면 국가 공동체는 더 성장할 수 없고 국민은 자유와 희망을 상실하게 된다.

이에 못지않게 중요한 것은 인간의 사회적 성장의 세 단계를 충족시키려는 노력이다. 중국과 러시아를 비롯한 국가의 후진성은 정치와 경제가 인간과 사회의 모든 문제를 해결할 수 있다고 믿는다. 마르크스 철학 그대로다. 그러나 언제 어느 사회에서나 정치가 사회의 목적이 아니다. 정치의 목적은 경제에 있다는 주장은 수용할 수 있다. 절대빈곤은 인간다운 삶을 불가능하게 만든다. 그러나 경제가 해결되면 한 단계 더 높은 삶을 지향하는 것이 역사의 순서다. 정신적 가치에 따르는 학문과 문화의 가치다.

기초 경제가 채워지면 인간다운 삶의 이성과 윤리적 가치를 창출하게 되어 있다. 정신문화는 경제의 목적이 될 수 있다. 문화와 예술이 없는 사회, 자유와 창조를 스스로 포기하는 국민은 없다. 우리에게 주어진 과제가 바로 거기에 있다. 이 모든 정신적 가치가 사회질서로 채워지는 윤리와 도덕이 필수적이다. 더 많은 사람이 인간다운 삶을 찾아 누릴 수 있는 단계로 성장해 역사의 건설과 완성의 단계까지 가는 것이 우리의 의무이자 권리이다.

그러기 위해서는 인간답고 행복한 삶의 기본 가치와 질서를 외면해서는 안 된다. 개인의 인간적 삶과 공동체의 기본 가치를 지켜야 한다. 크게 나누면 정직과 진실의 가치, 양심의 자유에 따르는 선의 가치, 인간애의 완성이다. 이 세 가지는 휴머니즘과 인간다운 삶의 기본이다. 모든 공동체에 요청되는 진실, 자유, 인간애의 정신이 구현되어야 인류에게 평화와 희망의 역사가 완성된다.

사회병은
100년이 지나도

치유되지
않는 것 같다

1970년대였다. 경제개발을 위해 생산업이 활발히 탄생하는 때였다. 그중 하나가 제약회사의 창설이었다. 그 당시 일성신약에서 있었던 일이다. 몇 차례 사원들을 위해 강연을 하면서 연구실장을 알게 되었다. 미국, 스위스를 비롯한 외국 전문가들이 와서 도움을 주고 있을 때였다. 한번은 연구실장이 그들에게 "한국에 와서 같이 일하는 동안 어려웠던 일이나 한국인이 시정해야 할 사항이 있었다면 얘기해 달라"라고 부탁했다. 연구실장이 그 대답에 대한 해결 방법을 나에게 요청해 왔다.

왜 당신들은 일이 잘못되거나 실패하면 책임은 지지 않고 여러 가지 핑계를 대는가?

확실히 우리 사회의 잘못된 전습(傳習)적 사회병의 하나다. 그 원인은 나에게 주어진 일이 회사와 사회에 얼마나 소중한 일인가를 생각지 않는 것이다. 누구나 할 수 있고 해온 일이니까 나도 할 수 있다는 안이한 자세로 임한다. 후진국의 지도자들이 그랬다. 우리나라 육군에 하나회가 있었다. 한 장성이 쿠데타를 일으켜 대통령이 되었다. 육군사관학교 동창들은 그가 대통령이 되니까, 나도 할 수 있다, 내가 저 친구보다 성적도 좋았고 유능하니까 다음 차례는 내가 차지할 수도 있겠다는 식의 통념을 가졌다. 사회 모든 영역에 그런 무책임한 분위기가 만연되어 있었다.

일의 중요성과 국민과 사회에 대한 의무감이 사명감으로 바뀌면 그런 마음가짐을 가질 수 없다. 미국의 트루먼 대통령은 전쟁 중에 루스벨트 대통령이 사망하자 "하늘의 별들과 천체가 내 어깨에 주어지는 짐같이 느껴진다"라고 고백했다. 일에 대한 의무감과 사명 의식이 필수적임을 깨닫는 지도자가 된다면 사회병은 쉽게 생기지 않을 것이다.

우리 모두에게 주어진 또 하나의 기본 규범이 있다. 일이 주어진다는 것은 의무와 책임을 맡으라는 뜻이다. 그렇다면 그 의무와 책임을 감당할 수 있는 권리가 동반되어야 한다. 상명하달(上命下達)이라는 말이 있다. 윗사람은 명령을 내리고 아랫사람은 복종하면 된다는 사고방식이다. 일이 실패하면 책임은 아랫사람이 지고 윗사람은 책임지지 않는다. 직위의 계층의식이 심하면 그 괴리 현상은 더 심해진다.

일을 시키는 사람은 의무와 함께 권리도 주어야 한다. 또 일을 맡은 사람은 권리 없이는 일할 수 없다는 원칙을 가져야 한다. 군인들이 정치를 맡으면 독재가 되고 사회는 병든다는 사례가 그래서 발생한다. 군에서는 상관의 명령에 절대복종하기 때문이다. 한때 우리나라 전 상공부 장관이 전체 은행장에게 금년에는 고객들에게 선물로 주는 달력을 만들지 말라고 지시한 적이 있었다. 부처 장관이 그런 일이나 해서야 되겠는가. 은행장들이 얼마나 권한이 없으면 그런 지시를 받아들였겠는가.

비슷한 시기의 일이다. 연세대학교에서 독일 기독교 재단이 주는 기금 150만 달러를 받은 적이 있다. 이 기금을 이공대학 건물을 증축하는 데 사용했다. 그때 연세대학교 외에도 많은 곳에서 그 재단의 도움을 받았다. 그 책임자를 만난 적이 있다. 통역을 맡았던 독문과 교수와 함께 몇 차례 인사동을 방문했을 때였다. 그

막중한 기증 사업을 전담한 책임자는 50대 중반쯤으로 보이는 여성이었다. 우이동에 있는 아카데미 하우스에 2~3개월 동안 머무르며 기금을 요청받은 기관과 책임자들을 방문했다. 그 원조금의 일부가 연세대학교에 배당되었다. 대학 총장은 물론 대학 측에서는 독일을 방문하지도 않았고, 독일 본부로부터 어떤 지시를 받지도 않았다. 그 담당자의 "도와줄 수 있겠다"라는 약속이 전부였다. 후에 대학 총장이 독일에 가 모든 절차를 끝냈다. 그런 것이 권리와 의무가 공존하는 사회발전의 정도다.

왜 당신들은 "누구 편이냐"라고 물을 정도로 편 가르기가 심한가?

편 가르기는 개인 간의 문제는 아니다. 공동체 내부, 집단 간의 병폐다. 과거의 문제를 미래까지 끌고 가는 어리석은 세대는 없을 것이다.

아흔을 맞이하는 제자가 한 명 있다. 젊은 시절 그 제자에게는 결혼을 약속한 여자 친구가 있었다. 그런데 조부가 그놈의 집안과 우리 집안이 한양에 있을 때부터 원수 집안이다, 내 선친께서 그

놈의 집안과는 절대로 혼인하지 말라고 유언했다며 결혼을 반대했고 두 사람은 결혼하지 못했다. 할 수 없이 조부가 세상을 떠난 후에야 공개적으로 결혼식을 올릴 수 있었다. 지금은 그런 사고방식을 갖는 세대는 없을 것이다.

그러나 국제관계나 정치계에서는 비슷하게도 이 철없는 폐습이 사라지지 않았다. 과거가 해결되어야 미래로 갈 수 있다는 건 잘못된 생각이다. 더 불행한 사고는 원수를 갚는 것이 당연한 의무라고 생각하는 지도자들의 고정관념이다. 악으로 악을 갚는 것은 공멸의 길밖에 없다는 사실을 알지 못하는가.

우리가 편 가르기를 삼가거나 부정하는 것은 집단이기주의에 빠지기 쉽고 사회악을 조성하는 악습이기 때문이다. 경제적인 이해관계, 권력의 독점을 꾀하는 정치력 같은 것이 그 대상이다. 노사 관계, 집단 간의 이해충돌, 심지어는 정당까지도 같은 잘못을 범한다. 그 결과는 소속 공동체나 국가에 병폐와 손실을 초래할 뿐이다.

사회생활을 하는 동안에는 어떤 조직과 단체에 가입하게 된다. 그러나 내 인격과 인생은 무엇보다도 존엄한 존재 가치라는 사실을 소홀히 해서는 안 된다. 맹세하지 말라는 교훈이 있다. 맹세한다는 것은 내 인격과 장래를 포기한다는 뜻이 될 수 있다.

지난 긴 세월 동안 우리는 정부와 의료계의 분규 때문에 막중한 사회적 손실을 자초했다. 정부는 바뀔 수 있으나 의료계의 책임자인 의사의 인격은 변할 수 없다. '의사다운 의사'는 모든 의사의 인격과 일치된다. 그런 의사들의 대표인 의사협회나 전공의 집단 대표가 취한 선택과 정치적 항쟁의 실태와 과정을 보는 국민의 실망은 컸다. 의사에 대한 존경과 감사의 정신을 되돌아보게 했다. 의료 집단은 '의사다운 의사'들의 모임이지 이해관계나 권력 점유의 기관이 아니다.

나 같은 사람이 대학에 있을 때 가장 이해할 수 없었던 사태는 학생을 정치적 수단으로 삼고, 너희는 우리 편이 되어야 한다고 강요하는 동료 교수들이었다. 한 조직이나 단체의 책임을 위해 부하나 후배에게까지 우리 편을 강요한다면 교수나 의사의 인격을 집단 의지로 이용하는 잘못을 범하는 것이다.

한 공동체 안에 두 조직이 공존할 수 있고 또 해야 한다. 그 조직들의 선의의 경쟁을 통해 공동체는 성장과 발전을 이어가게 된다. 이기주의적 경쟁은 후진 사회로 가는 폐습이다. 그러나 더 소망스러운 선택은 양쪽의 집단이 공동체 전체를 위해 대화하고 합의를 찾아 성장과 발전을 창출해 가는 노력이다. 개인은 조직체를 통해 사회를 위하고 단체는 서로 협력해 국가와 민족의 장래를 위하는 것이 공동체의 건설적인 자세와 책임이다. 편 가르기가 아니다. 대화와 협력으로 국민을 위하고 봉사하는 정도(正道)를 따라야 한다.

왜 당신들은 합리적인 대화나 토론보다 감정을 앞세우는가?

온정(溫情)주의 사회에서 만족과 행복을 누려온 동양적 전통과 합리적 가치를 존중하는 사회는 거리감이 잠재해 있다. 사사로운 인간관계로서의 감정과 직무상의 객관성을 추구하는 합리주의 사회를 구별하지 못하는 약점 때문이다.

그러나 우리 사회의 상습적인 폐습은 시정되어야 한다. 공직 사회나 기업체의 임원이나 상사가 동료나 부하에게 개인적인 감정이나 비판을 삼가지 못하는 것도 사회병이다. 드문 실례 하나를 들겠다. 인격보다는 성격을 드러내는 대통령이 "훌륭한 대학까지 나온 사회의 지도자가 아무 능력도 갖추지 못한 내 형제를 찾아가 청탁해 온 일이 있다"라면서 기업체의 실명까지 언급해 망신을 준 일이 있었다. 그 상대는 사회적 창피와 오명을 견딜 수 없어 스스로 목숨을 끊었다. 극한 사건의 하나였다. 그러나 이런 갑질 사건이 수없이 일어나고 있다. 내 상사가 그런 자세를 갖고 있다면 나는 내 인격을 위해서라도 협력과 존경을 가지고 대하기 힘들어진다. 인격을 갖추지 못한 윗사람은 성격을 마음껏 드러내며 그런 성격은 이기적이고 배타적인 본능과 통하기 때문에 공동체의 지도자 자격을 잃기 쉽다. 일에 있어서는 감정을 개입시키지 않는 객관성을 우선해야 하고, 합리적 사고로 전체를 위한 창의적 가치 추구를 우선해야 한다.

왜 당신들은 과거를 존중시해 연장하려 하는가?
과거는 미래를 위한 거울이나 교훈으로 필요할 뿐이다

기성세대들은 아직 그런 폐습을 극복하지 못했다. 예를 들면 도산 안창호를 추모하는 개인과 조직은 여럿 있다. 실무자들은 도산의 정신과 인격을 배우고 따르는 것이 중요하다고 생각한다. 그러나 젊은 세대는 생각이 다르다. 도산의 정신과 인격을 배우고 깨달아 그의 정신과 사상을 미래 사회를 위해 더 높여가는 것이 스승에 대한 의무라고 믿는다. 도산도 그랬다.

도산은 강연할 때마다 "여러분은 저와 우리 세대보다 더 훌륭한 성장과 업적을 남겨주기 바란다"라고 했다. 개인과 사회는 과거를 따르는 게 아니다. 현재에 만족해서도 안 된다. 역사의 흐름과 더불어 더 좋은 미래를 창조해야 한다. 내 선배 교수들은 공자나 맹자보다 존경스러운 스승은 없으니 그 가르침에 따라야 한다고 가르쳤다. 서양의 플라톤이나 아리스토텔레스는 좋은 철학을 남겼다. 하지만 우리는 2000년 동안 그 철학보다 발전해 온 학문을 배워야 한다. 앞으로 여러분은 미래 사회와 정신계의 학문과 가치관 창출을 책임져야 한다고 가르쳐야 한다.

사람은 늙을수록 과거를 소중히 여기나, 성장과 창조를 위해 젊은 세대에게 미래지향적인 길을 열어주는 것이 지도자의 책임이다. 우리가 사는 공동체는 국가의 단위를 넘어 인류를 향하고 있다. 역사의 강물은 과거로 되돌아가지 않는다. 현재는 시간의 단위를 넘어 영원한 가치를 창조하기 때문이다. 열린사회에서 다원적인 가치를 창조하는 자세가 필요하다. 고정관념이나 선입관념의 한계를 극복하지 못하면 치유할 수 없는 역사의 병폐를 자초할 뿐이다.

3부

다음 세대를 위한
사랑과 지혜

교육, 청년, 그리고 희망에 대하여

105세 교수가
고교 1학년 학생들에게

무슨 이야기를
했을까

지난 늦은 봄, 100세를 앞둔 조완규 전 서울대학교 총장을 중심으로 몇 명의 원로가 점심을 같이했다. 이야기를 나누다가 '누가 더 오래 젊게 많은 일을 하는가'가 화제가 되었다. 내가 슬그머니 부끄러운 자랑을 했다. "금년에도 다음 주에 양구외국어고등학교 1학년 학생들과 대화 시간을 갖는다"라고. 모두가 뜻밖이라는 표정이었다. 100세가 넘은 늙은 교수가 10대 학생들에게 어떤 메시지를 주는지 궁금한 표정이었다. 나는 "학생들과 비슷했을 때의 내 고민을 그대로 들려준다"라고 했다. 다음과 같은 이야기다.

하나, 나는 학생들과 같은 나이에 독서를 많이 했다. 도산 안창호 선생의 강연을 두 차례 들었다. 그러면서 철학을 공부해 교육계에서 정신적 지도자가 되겠다는 뜻을 세웠다. 함께 공부한 윤동주는 시인이 되고, 황순원은 소설가가 되기를 원했다. 홍창의는 소아과 의사가 되어 가난 때문에 목숨을 잃는 어린아이들을 돕겠다는 꿈을 간직하고 있었다. 나는 나이가 들었을 때 어떤 사람이 되어 있는가를 고민했다. 지금은 내 선택이 옳았다고 생각한다.

올바른 교육이란 어떤 것인가. 예를 들어 체육 선생이 운동의 기초인 100미터 달리기가 중요하니까 100명의 학생에게 "이제부터 100미터 달리기를 연습해서 한 달 후에 누가 상을 받는지 보자"라고 했다. 1등, 2등, 3등은 상을 받고 97명은 인정받지 못했다. 이건 선생의 잘못이다. 100명 학생에게 각자가 원하는 재능과 체질에 맞는 경기를 찾아 연습하라고 했다면 100명이 100가지 경기를 택해 모두가 1등을 차지할 수 있다. 그 결과로 사회는 다양한 체육 선수를 키울 수 있다. 나와 내 친구들은 고등학생 때부터 각자의 길을 찾아 즐겁게 성장했다. 감사히도 각자 꿈꾸는 바와 그 뜻이 이루어져 나라에 이바지할 수 있었다. 모두가 저마다의 재능이 있음을 기억하고 그것을 잘 발전시킬 수 있도록 돕는 것이 올바른 교육이다.

처칠과 아인슈타인의
위대함

둘, 학생 때는 누구나 열심히 공부하고 좋은 성적을 얻어야 한다. 그러나 학생 때의 공부는 학문과 정신적 성장을 위한 기초적 과정이다. 지식은 평생 성장하는 것이며, 학문은 선택에 따르는 다양성이 있다. 문과나 이과는 초보적인 구별이다. 지식과 학문은 각자의 노력에 따라 발전하며 다양한 분야의 전공이 뒤따른다.

누구나 16, 17세까지는 기억력이 왕성하게 자란다. 기억력이 좋은 학생일수록 좋은 성적을 차지한다. 그러나 고등학교 후반부터 대학 초반까지는 이해력과 변별력이 중요해진다. 위로 자라기보다 옆으로 풍부해진다고 보아도 좋겠다. 생활도 바뀐다. 다양한 친구들을 사귀고 교과서보다 폭넓은 독서가 필요해진다.

그러다가 대학 상급반이나 청년기가 되면서는 가장 소중한 사고력이 자라기 시작한다. 그 사고력은 60, 70세가 넘도록 지속된다. 인간의 성장에 필요한 평생에 걸친 가능성이다. 더 뛰어난 영재나 천재가 된다는 것은 그런 사고력에 직관력이 갖추어질 때다. 지적으로 위대한 인물이 된다는 것은 그런 사람이 되는 것을 말한다. 직관력이 창조적 추리력까지 겸비하기 때문이다.

20세기에 가장 위대했던 영재는 영국의 처칠 수상이다. 처칠은 사관학교 입시에 낙방했던 사람이다. 그의 영재적 소질은 50세 이후에 발휘되었다. 놀라운 천재 아인슈타인도 대학 입시에 실패한 과거가 있다. 그가 상대성원리를 창안해 대학 때 은사에게 보여주었다. 그 교수는 "내가 너를 지도할 때는 평범한 학생 중 한 사람이라 생각했다. 이제부터는 이 업적 때문에 영원히 존경받는 과학자가 되었다"라며 선망의 표정을 지었다고 한다.

지금은 수능시험 결과로 성적을 따지며 머리가 좋고 공부를 잘했다고 평가한다. 그러나 사고력의 결과까지 기다려야 한다. 대학원에 가서야 그 진가를 가릴 수 있다. 나무는 천천히 크게 자라야 많은 열매를 맺는다. 다양한 정신문화의 창조력을 갖춘 학자들이 탄생해야 우리나라도 영국, 프랑스, 독일 같은 문화국으로 성장할 수 있다.

위대한 인물들의 성장 과정은 모두 더딘 발걸음에서 비롯되었다. 어린 시절의 성적이나 시험 점수로는 알 수 없는 잠재력이 세월을 거치며 꽃을 피운 것이다. 우리 사회가 눈앞의 결과보다 긴 안목을 기를 때, 진정한 영재가 탄생하고 그들이 마음껏 꿈을 펼칠 수 있는 문화가 함께 열매 맺게 될 것이다.

고(故) 정주영 현대 회장도 대학 안 나와

셋, 행복과 성공은 모두가 원한다. 그러나 실패와 불행으로 끝나는 사람이 많다. 나에게 주어진 인생의 마라톤 경기를 끝까지 달리는 사람이야말로 성공했다고 말할 수 있다. 게으른 사람은 목적지에 도달하지 못한다. 언제나 최선을 다해야 한다. 한 길을 달리지 않고 이 길 저 길을 엿보면서 헤매는 사람은 인생의 낙오자가 된다.

교육도 그렇다. 인간에게 100리 길이 주어져 있다면 초중고등학교까지 30리는 나라가 교육을 맡는다. 대학에 안 가거나 못 가는 사람은 나머지 70리 길을 국가 교육이라는 기차에서 내려 걸어가야 한다. 대학을 나온 사람도 60리는 더 가야 성공한다. '나는 대학에도 다니지 못했는데, 할 수 없지' 하는 사람은 70리를 포기한 것이다. '나는 대학까지 다녔는데 더 배울 것이 있나?'라고 중단하면 60리를 가지 않았기 때문에 실패한다.

나는 많은 사람을 만났다. 우리나라 경제계의 은인인 현대그룹 정주영 회장이 어떤 대학을 나왔는지 모른다. 삼성그룹의 이병철 회장은 중동학교를 졸업하고 와세다대학교를 중퇴한 것으로 안다. 지금은 모교를 삼성그룹에서 맡아 운영하고 있다.

　종근당제약 이종근 회장과도 가까이 지냈다. 그는 보통학교 출신이다. 그가 국내와 국외에서 교육사업을 돕는 것은 교육에 대한 열정 때문이다. 중고등학교만 졸업하고도 계속 공부하고 노력했기 때문에 대학 출신보다 중책을 맡은 지도자들을 나는 여러 사람 보았다. 주어진 책임과 일에서 최선을 다하는 사람이 성공과 행복을 찾아 누린다.

　나는 초등학교 선생으로 있다가 중고등학교 교사가 되었고 30대에 대학교수가 되어 30여 년을 봉사했다. 다른 교수들은 정년이 되면 직장을 떠나 가정으로 돌아가는 때에도 다시 시작해 사회 교육에 몸담았다. 지금까지 40년을 사회 교육과 정신계를 위해 일하고 있다. 제자와 사회인에게 사랑이 있는 교육을 해왔기 때문에 지금은 충분히 만족하고 있다. 여러 학생 중에서도 나보다 더 크게 성공하고 행복해지는 사람이 많아지기를 바란다.

만일 내가

교육부 장관이
된다면

어느 날 몇몇 언론사 기자들과 대화하는 시간을 가졌다. 주제가 우리 교육 문제로 옮겨갔다. 한 기자가 "만일 선생님이 교육부 장관이 된다면 무슨 일을 하겠는가"라고 물었다. 나는 "두 가지가 있는데 첫 번째는 지금 계속하고 있는 수능시험을 폐지하겠다"라고 했다. 질문에 서슴지 않고 답을 꺼내자 약간 뜻밖이라는 표정이었다. 그만큼 수능제도에 대한 내 생각은 오래전부터 확고했다. 시험 점수로 줄 세우는 방식은 창의력과 인격을 기르기보다 젊은 이들의 가능성을 억누른다고 믿었기 때문이다.

건국 초창기
'새 교육' 이념 변질돼

대한민국 초창기에 '새 교육'이라는 이념이 생겼고 모두 긍정적으로 받아들였다. 그리고 미국 교육사절단과 우리 교육계가 부산 피란 정부 때 창안해 낸 세 가지 교육개혁 과제가 있었다.

첫째, 미래를 위한 교육은 부모 중심의 교육에서 자녀를 위한 교육으로, 스승의 뒤를 따르는 교육에서 제자의 인격을 키워주는 교육으로 방향을 바꾸어야 한다. 조선 시대부터 이어진 교육 방향을 개혁하는 과제였다. 둘째, 교육의 주체는 정부나 관(官)이 아니고 교육 전문가들이 되어야 한다. 대학 교육은 정부가 협조해 주는 데 그치고 대학 자체의 자율과 선택에 맡겨야 한다. 셋째, 교육 전반에 걸친 평가의 기준은 지식 위주가 아니고 인격 수양을 위한 학습이어야 한다. 국민 교육을 위해서는 '하지 말라', '벌을 받을 수도 있다'라는 부정적 평가를 버리고 '스스로 알아서 해보라', '잘 할 수 있다', '더 새로운 것을 찾아보라'라는 긍정적 평가로 개선하자는 내용이었다.

그런 민주적인 '새 교육'의 방향을 찾아 진행되었으나 박정희 정권이 들어서면서 그 노력이 퇴색되기 시작했다. 정권 말기에 충

효 사상이 등장했는가 하면 심지어 대학에까지 '국민윤리' 과목을 강요하기도 했다. 그것으로 끝나지 않았다. 전두환 정권 때는 컴퓨터가 개발되면서 대학입시제도까지 교육부가 관장했다. 컴퓨터를 이용하면 수십만 명의 성적도 단시간에 채점할 수 있고, 어떤 방법보다도 공정성을 인정할 수 있다며 교육 평가에 활용했다. 수십만 명 학생을 성적으로 줄을 세워놓으면서 최고의 방법인 듯이 지금까지 계속하고 있다.

사회문제가 된
수능의 폐해

그 결과는 어떻게 되었는가. 학생들의 일생에서 가장 소중한 기간을 입시의 제물로 만들었고, 고등학교까지 국민 교육의 자주성과 독립성을 입시 공부로 희생시켰다. 그것은 마치 한국 교육이 가는 고속도로 위에 수능시험이라는 불필요한 언덕을 만들고 이 언덕을 넘는 절차와 결과에 따라 대학 교육과 인생의 먼 길을 가게 된다는 부작용을 강요하는 것이었다. 고등학교의 공교육은 본질을 상실하고 사설 입시학원이 국민 교육을 대신했다.

학생의 성장도 그렇다. 고등학교 초반까지는 기억력이 왕성하고 그 후 4, 5년 동안에는 이해력과 변별력이 풍부해진다. 가장 소중한 사고력은 대학 후반기부터 자라서 평생에 걸쳐 성장한다. 하지만 수능시험의 성적은 기억력 측정은 될 수 있으나 이해력과 사고력은 평가할 수 없다. 하물며 정해진 몇 항목의 문제 풀이로 수십만 명의 지적성장을 획일적으로 대학입시의 기준으로 삼는다는 구상 자체가 잘못이다.

입시에서 높은 평가를 받은 학생들보다는 B+ 정도의 학생이 대학에 와서는 더 높은 성적을 차지하는 것이 보통이고, 인간성의 평가에는 입시가 역효과를 내기도 한다. 그래서 주관식 문제로 개선하기도 하고, 논술고사를 병행하는 사태로 바뀌었다. 지금의 제도를 개선한다는 의도였지만 불필요한 언덕을 더 높은 산(山)으로 만든 상황이다. 대학의 자율성, 다양성, 창조성을 위한 목적과는 상반되는 결과가 되었다. 인문학, 예능 분야, 운동 재능에는 필요 없는 낭비를 강요하는 부작용까지 만들었다. 그 결과는 사회문제로 확장됐다.

1년에 한 차례 치르는 입시가 국가적 행사로 변질되었다. 교육의 본질을 해치고 국가적 낭비를 조장했다. 사교육비가 공교육비를 초과하는 모순을 정부가 책임져야 할 단계가 되었다. 수능 성적이 좋지 않다는 이유로 낙오자가 된 학생들의 진로와 인생을 선도하는 책임자가 없다. 인간 교육은 설 자리가 좁아졌고 지적 고하가 인생을 결정짓는다는 폐습을 조장했다.

늦기는 했으나 지금이라도 수능시험을 폐지해야 한다. 부작용이 걱정이지만 인간 교육의 정도를 교육부가 막아서는 안 된다. 대학입시는 책임자인 대학으로 환원시키고 국민 교육은 사랑이 있는 사제 관계로 열매를 거두도록 방향을 개선하기 바란다.

교육 혜택 나누는 건
번영의 기반

내가 교육부 장관이 된다면 하고 싶은 두 번째 과제는 베트남을 비롯한 동남아시아의 우수한 젊은 학생들에게 국가에서 장학금을 주어 받아들이는 제도이다. 베트남은 한국이 전쟁에 참여한 과거도 있고, 동남아시아에는 우리 젊은 세대 못지않은 미래 인재가 많다. 그들에게 교육적 혜택을 나누어준다면 그 결과가 서로를 위한 번영의 기반이 될 것이다. 도움을 받은 국가의 성장은 교육을 베푼 국가의 번영과 지도력을 높여준다. 그것은 우리 국격과 문화를 일본이나 중국보다 더 세계화하는 결과로 이어질 것이다. 늦기 전에 실현되었으면 좋겠다.

경제 원조를 받다가 도움을 주는 선진국이 되었다면 인류 사회에도 정신문화적 기여를 담당하는 국가가 되어야 한다. 젊은 세대들의 성장을 위해서는 필수적인 과제다. 인간은 받으면서 자라고 베풀면서 완성된다. 나라도 마찬가지다.

대한체육회,

후배를 위해
다시 태어나야 한다

2024년 파리올림픽은 젊은 선수들의 자랑스러운 결과로 국민에게 기쁨과 희망을 안겨주었다. 그러나 한 선수의 지도부에 대한 비판이 사회적 관심과 반성을 유발했다. 체육회와 지도부에 대한 오래된 우려가 표면화되었기 때문이다. 있어서는 안 되는 일이다. 젊고 유능한 선수들의 장래를 위해서 반드시 해결해야 할 과제다.

   오래전 일본에서 있었던 일이 떠오른다. 한 고등학교 여학생이 탁월한 수영 기록을 세웠다. 체육회에서 세계적인 선수로 키우고 싶으니까 선수촌에 들어오라고 권했다. 선수촌의 실상을 살펴본 부모는 소중한 딸을 국가대표 선수로 만들겠다는 욕심에 딸의 행복을 막고 싶지 않아 딸에게 의견을 물어보았다. 딸의 대답은 부모보다 앞서 있었다. 내 소중한 인생을 국가대표의 메달과 바꾸고 싶지는 않다고 거절했다. 그 부모는 무엇을 우려했는가. 체육 동료들의 인격 수준과 지도자들의 품격이 사회 수준보다 뒤처져 있다는 생각이었을 것이다. 사랑하는 딸의 인생을 메달의 가치와 바꿀 수 없다는 것이다.

체육계의 인격과 품위

이번 선수가 지도부의 혁신과 체육계의 개혁을 암시했던 내용도 사회적으로 보면 같은 평가였을 것이다. 체육계와 더불어 정부 차원에서도 개혁의 계기로 삼아야 할 과제로 등장한 것이다.

문제의 핵심은 체육 지도부의 교양과 체육계의 자기반성이다. 그들의 교양이 젊은 국가대표 선수를 육성할 정도의 수준이 되는지, 체육계의 인격과 품위가 예술 등 문화적 창조계에 비교해 대등한 자질과 자격을 갖추고 있는지의 문제다. 지도자가 후배들의 교양과 인격 수준 이상의 정신도 갖추지 못했다면 책임을 맡을 자격도 없다.

축구협회에 대한 실망도 같은 성격의 사례다. 정치적 목적을 도입시켜서 체육의 순수성을 병들게 해도 안 되지만 코치나 감독이 되었다고 해서 유능하고 장래성이 있는 후배 선수들의 성장과 인격에 손상을 주어서는 안 된다. 직책을 맡은 책임 높은 사람들은 유능한 후배들을 키우기 위해 자기반성과 품격을 높여야 한다. 체육계는 물론 우리 사회 모두가 더 나은 사회, 더 우수한 인재 양성이라는 의무를 소홀히 해서는 안 된다.

지금 우리 선수들의 공동체 생활은 어떤지 모르겠다. 예능 분야의 소양을 위해 음악도 감상하고, 미술 작업의 소중함도 깨우쳐 주어야 한다. 명화 감상도 하고, 젊은 시절의 학식과 교양을 위한 독서도 권장하는지 궁금하다. 가능하면 사회 각계의 관심 있는 인사들을 초청해 강연도 하는 등 학교 교육보다도 교양을 높이기 위해 노력하는지 모르겠다.

성년이 되었을 때 체육 기관을 통해 인생의 많은 것을 터득하였다고 자부할 수 있다면 그것이 더 높은 수준의 인재 양성의 길이다. 체육 기술은 인생의 부분이지 전부가 아니기 때문이다. 체육계의 지도자들이 사회적 중책을 맡기 위해서는 젊은 시절부터 수양하고 인격을 갖춰야 한다. 일찍 출발해 빨리 인생을 끝내는 사람은 스스로 불행을 자초할 뿐이다. 예술인들은 전문적 노력을 평생 계속한다. 사회적으로 큰 업적을 남기는 사람은 60세 이후라고 인정하고 노력한다. 체육계의 지도자들도 동등한 사회적 존경과 감사의 대상이 되어야 한다.

왜 이런 불미스러운 사태가 일어났는가. 많은 사람들이 정치 개입이라고 평가한다. 정치인들이 권리 행사에 이용한다는 뜻과 정치적 폐습 때문이라는 지적이다. 권리 행사만 하고 책임과 의무가 따르지 않는다면 질서가 유린된다. 무엇보다 중요한 것은 체육계의 책임자가 뚜렷한 주체 의식과 자존, 자율성을 지키는 것이다. 협회에 주어진 책임은 국가와 사회를 위한 의무다. 그렇기 때문에 전체 회원과 함께 최선의 노력을 같이한다는 사명 의식이 앞서야 한다.

또한 직책의 상하관계는 있으나 인간다운 교양과 인격의 가치는 동등하다는 관념이 필요하다. 직책이 낮더라도 식견이 높은 사람이 있고 인격적으로 존경받을 만한 부하가 얼마든지 있다는 겸손한 마음가짐이 중요하다. 대접받기를 원한다면 먼저 상대방에게 대접을 베풀라는 교훈은 진리다. 상대방을 얕보면서 존경받는 사람이 없고 남을 욕하면서 인정받는 사람이 없다.

체육의 목적
숙고해야

나 같은 사람은 평생을 교육계에서 보냈다. 교육의 열매는 제자들을 얼마나 위하고 사랑하는가에 달려 있다. 지식을 전달하는 것은 다른 사람이 더 잘할 수도 있다. 그러나 제자의 인격과 행복을 위해주는 사랑은 당연한 의무지만 쉽지는 않다. 그래도 그 마음과 정성을 가지고 제자들을 사랑한 사람이 제자의 존경을 받는다.

명령이나 지시에 따르지 않았다고 체벌을 가하거나, 인격을 모독하는 욕설까지 했다면 자신의 인격과 지도자의 자질을 먼저 돌아봐야 한다. 선배들의 옷 빨래를 강요하거나 상습화했다면 그 사실 자체가 일반 사회의 관습이 될 수 없음을 반성해야 한다. 정신적 가치 질서는 수준이 높을수록 존경스러워진다.

체육의 목적은 나 자신을 위해서가 아니라 모두의 인간다운 삶의 향상을 위해서다. 사회적 의무까지 위하고 섬기는 지도자가 된다면 국가를 위한 헌신과 감사의 대상이 된다.

미래
사회는

누가 이끌어야
하나

옛 제자들을 만나면 자주 나누는 이야기가 있다.

"대학에 있을 때는 열심히 공부도 하고 A학점을 받기도 했습니다. 여러 해 사회생활을 하다 보면 다 잊어버리고 도움이 되지 못한다는 생각이 듭니다."

"그 이야기는 뜻밖이네요. 나는 대학 때 들은 강의나 독서 내용을 지금도 기억하고 있는데."

"선생님이야 기억력이 특출하시니까 그렇지요. 우리는 보통 다 그렇습니다."

"그런 게 아니라, 우리 때는 대학에 가는 목적이 확실했고 문제의식을 느끼고 있었으니까, 그 문제 해결이 학문으로 이루어진 거지요. 그런데 지금은 남이 가니까 나도 가고, 대학에서도 고등학교 때와 비슷한 공부만 하니까 학문이 되지 못한 겁니다."

이런 내용이다. 뉴스를 보니 국회의원 80여 명이 경제 공부를 하기 위해 모인다고 한다. 현대인들 대부분은 TV나 신문을 통해 정보를 얻는다. 그 정보는 단편적인 지식이다. 그런 정보가 너무 많으니 정보 이상의 지식은 갖추기 힘들다. 그 같은 빈곤 상태를 벗어나기 위해 다시 강의를 듣고 지식을 넓혀간다면 좋은 일이다.

그러나 사회 지도자가 되기 위해서는 문제의식을 느끼고 체계 있는 독서를 해야 한다. 상식적인 지식은 누구나 갖고 있지만, 자기 사상을 갖고 일해야 한다. 그 사상이란 다른 것이 아니다. 공동체 안에서 나는 누구이며 무엇을 해야 하는가, 역사의 변화에 휩쓸리지 않고 자신의 신념을 갖고 있는가 하는 문제의식이다. 지성을 갖춘 지도자가 되기 위해서는 세계 속의 한국, 역사 안에서 현재의 과제를 찾아가는 열린 사고와 창조적인 식견이 필수적이다. 그래서 지도자의 무지는 사회악이 될 수도 있다. 상식을 갖고 일반인들과 함께 살면서도 많은 사람이 인정하고 따를 수 있는 사상을 갖추어야 한다.

그런데 우리는 역사적으로 그런 과정과 식견을 갖춰야 한다는 문제의식을 깨닫지 못했다. 세계 속의 한국보다는 국내에서 집단 간의 세력 싸움에 여념이 없었다. 원수는 갚아야 정의가 되고, 은혜를 모르는 사람은 인간답지 못하다고 생각한다. 원수를 갚기 위해 대립과 분열을 계속했고 편 가르기를 일삼았다. 열린사회, 공존의 질서와 의무는 찾아볼 길이 없었다.

동양적 전통 관념은 중요하다. 그러나 현재가 과거의 연장이라고 해서, 삶의 기준과 가치판단을 과거에서 찾는다면 그 사회와 국가는 더 좋은 미래를 창조하지 못한다. 어떤 개인을 존경하고 숭배하는 것도 그렇다. 그 사람과 같아지는 것이 아니다. 그 사람의 인격과 사상을 받아들여 더 소망스러운 사회와 미래를 창조해 가야 한다. 현재는 미래를 위해 중요하다. 현재가 과거의 전통까지 역사의 소모품으로 만들어서는 안 된다. 창조적 진보는 모든 시대에 주어진 지도자의 의무와 사명이다.

그러나 더욱 시급한 문제가 있다. 옛날에는 주어진 사상과 가치관에 따라 주어진 과제를 해결할 수 있다고 생각했다. 지성계를 대표하는 대학 사회가 존재했고, 가치관을 설정하는 종교 사상도 있었다. 그러나 근대가 되면서 예상하지 못했던 현실이 인간적 생존의 과제로 예고 없이 찾아들었다. 산업혁명도 그 하나였고, 마르크스 사상도 그런 문제 해결을 위해 태어났다. 프로이트의 정신

분석학도 인간을 예상하지 못한 방향으로 이끌어갔다. 사회문제는 더 복합적 과제를 제기했다. 메커니즘(기계론적 사고방식)의 개발과 발전은 우리의 사고와 정신적 기반은 물론 생존 가치를 뒤흔들어 놓았다.

핵 개발은 필요했다. 그러나 핵무기는 인류의 생존과 희망을 위협한다. 어리석은 정치가들은 "필요하면 핵무기를 사용할 수 있다"라고 호언한다. 바꾸어 말하면, 나와 우리의 정치 목적을 위해서는 인간의 생존 가능성 자체도 파멸시킬 수 있다는 망언이다. 악마를 대변하는 발상이다. 인공지능(AI)의 개발과 그 결과는 인간보다 유능한 기계 지능이 인간 생존의 의미와 가치를 바꾸거나 주관할 수 있다는 현상을 낳았다.

우리의 사상과 가치관이 미치지 못하는 현실이 계속 등장하고 있다. 인간은 이성과 사상, 양심과 도덕의 가치관을 갖고 살아왔는데 그 인간다움마저 위협받고 있다. 우리가 인지하기도 전에 누군가가 만든 새로운 현실이 계속 등장한다. 인간이 살던 집의 문을 열었더니 우리가 만든 기능 인간이 집을 차지하고 있는 괴리 현상이 일어났다. 주인이었던 인간은 쫓겨나고 인간을 돕던 머슴이 주인 자리를 차지하게 된 현상이다.

누가 이 문제를 해결할 수 있는가. 과학과 메커니즘의 기능을 창출해 낸 인간다운 인간이 집주인이 되어야 한다. 인간은 3000년 역사를 통해 세 가지 가치를 창조해 왔다. 정직과 진실, 양심의 자유에 따른 도덕과 선의 가치, 이 모두를 완성하는 인간애의 정신이다. 그런데 우리는 진실을 거부하는 불신, 사회악의 본성인 폭력, 악을 악으로 보복하는 역사적 죄악을 저지르고 있다. 인간 간의 믿음은 사라졌고 선의 가치와 창조력 상실은 역사의 희망을 빼앗아 버렸다. 이 모든 병폐를 해결할 수 있는 인간애의 위배(違背)와 포기는 인간존재의 원천을 소멸시킬 수 있다.

이런 인간다운 삶의 정신과 가치를 사회와 역사에서 재창출할 수 있는 희망을 주는 지도자가 '인간의 집'의 주인이 되어야 한다. 우리가 만든 메커니즘적 기능은 집 밖 넓은 공간에서 인간다움을 돕는 보조 기능 가치로 필요할 뿐이다. 휴머니즘의 가치가 메커니즘 기능을 주관하고 지도할 수 있을 때, 사회와 역사를 이끌어갈 수 있고 인간다운 삶을 완성할 수 있다.

제3의
질서 사회는
가능한가

한 나라가 우리가 희망하는 선진 국가로 성장하기 위해서는 적어도 100년 이상의 긴 세월이 걸리는 것 같다. 우리의 경험으로 보아 그 과정을 위해서는 몇 단계의 사회적 변화가 필수적이었다. 많은 신생 국가나 후진 사회가 치르는 첫 단계는 힘이 지배하는 사회구조에서 나타난다. 강자가 약자를 지배하는 현상이다. 정치적으로는 군과 경찰이 국민적 삶의 주도권을 장악하는 단계다. 갑을 관계의 사회이며 권력구조가 인간관계와 삶을 상하(上下)로 결정짓는 사회다.

우리도 이승만 정권 때부터 전두환의 군사정권이 끝날 때까지는 그 과정을 지나야 했다. 이승만이 후계자인 이기붕에게 "나는 군대를, 당신이 경찰을 장악하고 있으면 우리 정권은 안전하다"라는 말을 했다. 북한은 더 언급할 필요가 없다. 김정일이 "우리는 선군정치이며 내가 군대를 쥐고 있는 동안에는 남한이 나를 믿어도 된다"라고 선언했을 정도였다.

그 긴 세월에 거쳐 4·19가 있었고 민주화투쟁을 거치는 동안에 우리는 힘을 가진 강자의 지배를 끝내고 제2단계 국가로 성장할 수 있었다. 힘, 즉 권력 대신 법이 지배하는 법치 사회로 태어났다. 김영삼의 문민정부 때부터는 그 현실이 뚜렷해졌다. 모든 권력은 법의 지배하에 있으며 정부가 법을 책임지고 맡기 때문에 군은 정치 기능에서 멀어지는 사회로 탈바꿈하기 시작했다.

법의 사회적 가치는 정의이기 때문에 입법과 사법 기능은 정치권력을 정의로운 사회로 향하는 국민적 기능과 의무를 뒷받침하는 방향으로 유지해 가고 있다. 아직도 사회 각 분야에서 강자가 저지르는 갑질적 폐습이 남아 있기는 하나, 정의를 위한 의지와 신념은 국민 생활 속에 굳건히 자리 잡히고 있다.

그를 위해 정의의 가치가 사회와 정치적 가치관의 기틀을 담당해야 한다. 그런데 우리는 세계라는 큰 무대 안에 머물고 있기 때문에 두 갈래의 가치관적 조류를 벗어나지 못하고 있다. 그 하나는 북한과 좌파 세력이 추종하고 있는 '정치는 평등을 위한 수단'이라는 견해와 '정의는 더 많은 국민이 더 큰 자유를 누릴 수 있는 가치여야 한다'는 주장이다.

그러나 다수의 국민이 행복을 누리는 선진 국가에서는 정의의 개념이 한 단계 더 높은 위상을 차지한다. 정의를 '인간애에 대한 의무와 책임을 갖는 가치'로 받아들인다. 정의의 가치를 법이 존중하는 정치적 책임의 사회가 법치국가다. 우리가 그 단계에 머물고 있다면, 한 단계 더 높은 제3의 질서 사회로 성장하는 과제가 남아 있다.

우리는 정의가 구현되는 단계를 넘어선 질서 사회를 구현해야 좋을 것이다. '어떻게 하면 더 많은 국민이 인간다운 삶을 찾아 누릴 수 있는가'를 추구하는, 삶의 가치로서의 질서를 존중하는 사회다. 정의가 불법을 방지하며 선한 질서를 위해 필요했다면, 질서는 밖으로부터 제약을 받지 않는 자생적인 삶의 정신적 가치를 창출해 지니는 책임을 뜻한다.

우리는 그 정신을 모든 윤리와 도덕적 가치를 포함하는 인륜적 질서에서 찾아야 한다. 공자를 비롯한 동양의 정신이 그러했고 기독교와 더불어 모든 종교적 가치 구현의 목표가 거기에 있다. 법의 가치는 그런 질서를 유지하며 증대시키는 전 단계로 보아야 한다. 모든 종교가 정의를 자유와 사랑이 머무는 전당에 들어가는 입구나 현관으로 본 견해가 그런 뜻이다. 칸트 같은 철학자는 그것을 인격의 왕국이라고 표현했다. 그리고 그 질서 사회의 건설 책임은 정부보다는 정신적 지도층에 속하는 종교계와 교육계가 감당해야 한다. 사회 각계의 정신적 지도층이 질서 사회의 건설을 국민을 위한 의무라고 생각할 때 그것이 가능해진다.

캐나다, 스위스, 노르웨이 등을 다녔을 때는 질서 사회의 모습을 쉽게 발견하곤 했다. 현실과 동떨어진 이상이 아니다. 50년쯤 후에는 모든 사회악이 자취를 감추는 행복한 사회가 되었으면 좋겠다.

엘리트들이

애국하기 위한
조건

『카라마조프가의 형제들』의 마지막 장면이 생각난다. 맏아들이 법정에서 호소하는 고백이다.

"나는 검사가 지적한 대로 부족하고 죄 많은 과거를 살았습니다. 어떤 처벌을 받아도 감수할 것입니다. 그러나 내가 아버지를 죽이지 않았다는 것만은 진실입니다. 그럼에도 불구하고 배심원 여러분이나 판사가 내가 아버지를 죽였다는 판결을 내린다면 내가 가장 두려운 것은 하느님을 믿지 못하게 될 것 같다는 절망입니다"라는 절규였다.

신앙적 고백이 아니라도 좋다. 진실이 사라지고 거짓이 그 자리를 대신한다면 이 세상은 어떻게 되는가. 이것은 법의 문제가 아닌 양심의 문제이다. 양심의 존재 가치를 거부하는 일이다. 양심은 선한 삶을 위해 존재한다. 선한 삶은 인간 모두가 찾아 지켜야 하는 정신적 규범이다. 그 엄연한 사실을 스스로 포기한다면 우리는 금수보다도 무가치하고 무의미한 삶을 향해 스스로 걸어가며 어리석음과 사회악을 선택하는 결과가 된다.

진실은 엄연한 사실이기 때문에 거짓이 될 수는 없다. 그 진실을 찾아 살아온 것이 인류의 역사이다. 우리 각자가 정직한 삶을 소중히 여기는 것은 그 사회적 가치인 진실을 위해서다. 정직은 인간다움의 기본이다. 도산 안창호가 "우리는 죽더라도 거짓말을 하지는 말자"라고 호소한 것은 정직 이상의 애국심이 없다고 믿었기 때문이다.

물론 우리 모두 완전한 인간이 아니다. 실수할 수도 있고 과오를 범할 때도 있다. 진실을 찾기 위해 과학적 사고를 중요시하며 역사적 사실의 진실성을 찾는다. 사실을 사리(事理)대로 보아 진실을 찾고 그 진실에 입각해 가치판단을 내리는 것이 사회과학의 기본이기도 하다.

그런데 여기에 문제가 있다. 진실을 알면서도 은폐하는 잘못이다. 잘못을 넘어 범죄이다. 우리 모두 진실을 보고 알면서도 침묵을 지키거나 외면해 버린다면 사회의 선한 질서는 누가 책임을 지겠는가.

그런데 더 용서받을 수 없는 범죄가 있다. 그 진실을 허위로 조작하는 일, 때로는 허위를 진실로 둔갑시키는 사회악을 저지르는 사태들이 자행되고 있다는 사실이다. 중간 목적을 위해 역사의 궁극적인 목적을 폐기하는 잘못이며 개인이나 집단을 위해 사회 전체를 위한 질서를 유린하는 행동이다.

그런 사람이나 집단은 '우리의 목적을 달성하기 위해서는 어떤 수단 방법을 써도 잘못이 아니다'라는 엄청난 독선적 사고에 빠져 있다. 그런 사고와 가치관이 남아 있는 시대와 사회에서 정직과 진실은 살아남을 수가 없다. 독재정치가 그러했고 공산주의 사회가 그러하다. 그 결과가 어떻게 되었는지는 역사가 보여준 그대로이다. 이런 역사의 교훈과 심판은 앞으로도 계속될 것이며 계속되어야 한다. 정직한 사람들이 없어지고 진실을 사랑하고 위하는 사회가 못 된다면 우리의 미래가 어떻게 되겠는가.

불행하게도 그런 사회악을 저지르는 지도층이 우리 주변 어디에나 존재한다. 정치계는 더욱 그렇다. 교수로 있을 때는 반대하던 정책을 정치계에 몸담게 되면서는 긍정적으로 주장하는 지성인이 있다. 여당 때는 찬동하던 국회의원이 야당이 되면 악으로 규정한다.

    그래도 우리가 믿고 싶은 대상은 고급 공무원이나 사법부의 중진들이다. 그런 사람들까지 정권에 따라 진실을 외면하며 애국적 양심을 버리고 이기적 선택을 한다면 국가의 장래는 어떻게 되겠는가. 그런 불행과 과오를 바로잡기 위해 존재하는 기관의 하나가 언론이다. 신문과 방송이 중심이 된다. 그런데 그런 사회적 공공기관까지도 진실을 외면하는가 하면 진실을 허위로 조작하기도 한다. 용서할 수 없는 죄악이다. 누가 그들을 평가하고 심판해야 하는가. 시청자와 독자들이 정직과 진실을 위해 선택하는 권리와 의무가 있을 뿐이다. 정직과 진실이 애국의 길이기 때문이다.

인문학에

조국의 미래가
달렸다

인간은 생각하는 동물이기 때문에 사상을 갖고 산다. 그 생각과 사상을 유지하고 전달하는 도구가 '언어'이다. 언어가 없는 삶은 불가능하다. 동물들은 감정을 표출하는 소리는 있으나 개념을 갖춘 언어는 없다.

  인간의 삶이 다양한 것처럼 언어의 종류도 수없이 많다. 학자들은 몇 세기 전까지만 해도 수천 언어가 있었다고 추산한다. 그런데 그 언어가 점차 사라져 간다. 씨족이나 부족의 언어가 민족의 언어로 통합되기도 하고, 인도나 중국 같은 방대한 사회의 여러 언어가 하나로 통합되기도 한다. 문화권이 하나가 되면서는 언어도 동일해지는 것이 보통이다. 물론 교통의 발달과 매스미디어의 역할도 큰 몫을 차지했다.

이런 변화는 지금도 진행 중이다. 그 두드러진 현상 중 하나는 문자를 갖추지 못한 말은 사라진다는 사실이다. 대만의 원주민들도 자기들의 언어가 있었다. 그러나 문자가 없기에 말 또한 점차 사라져 간다. 얼마 지나면 중국어 문화권으로 흡수될 것이다. 지금도 여러 민족이 문자가 없기에 언어를 잃어가고 있다. 한글(문자)이 없었다면 우리 또한 그런 운명에서 벗어나지 못했을 것이다. 중남미의 여러 원주민들이 유럽어 문화권으로 흡수된 것도 같은 맥락이다. 몇 세기가 지나면 문자를 동반하지 못한 언어는 소멸될 것이다.

또 문자와 언어가 있더라도 그 민족과 국가의 운명에 따라 언어의 세력도 약화될 수 있다. 네덜란드의 한 학자가 연세대학교에 온 적이 있었다. 그 교수는 저서를 쓸 때는 영어를 사용했다. 모국어로 출판하면 독자를 넓힐 수가 없고 번역을 거쳐야 하기 때문이다. 스위스는 문화 수준이 높은 국가다. 그러나 언어와 문자가 없어 독일어 문화권이나 프랑스어 문화권에 속한다. 최근에는 영어 문화권으로 옮겨가기도 한다.

내가 학생 때만 해도 대표적인 외국어는 세 가지였다. 비즈니스와 금융계에서는 영어, 예술가나 외교관에 뜻을 둔 사람은 프랑스어, 과학이나 의학을 공부하는 데는 독일어가 선택 과목이었다. 스페인어와 중국어는 많은 인구를 차지했어도 문화적 영향력이 크지 않았기 때문에 높은 대우를 받지 못했다. 지금은 영어가 국제어로 큰 비중을 차지하게 되었다. 인문, 사회, 정치, 외교 모든 분야에서 영어가 가장 큰 비중을 차지한다.

아시아는 어떤가. 인구가 많은 중국어와 중국 문화는 더 성장할 가능성이 있다. 일본은 인문학이 차지하는 비중이 높기 때문에 일본어 문화권도 국제적으로 영향력을 넓혀갈 것이다. 그다음에는 한국어 문화권이 아시아의 미래를 어느 정도 이끌어갈지가 남은 숙제다. 만일 한글이 없었다면 우리 문화도 소멸되었을 것이다.

그러면 무엇이 정신적 문화권을 주도해 가는가. 자연과학이나 기계문명은 국제적 공통성을 갖는다. 국가적 특수성이 없다. 한국은 사회과학 분야에서 국제적 업적 창출에 기여할 여건을 갖추지 못하고 있다. 한국어 문화권이 아시아를 넘어 세계 문화권에 동참하기 위한 방도는 넓은 의미의 인문학이다. 예술을 포함한 정신문화의 특수성이다. 문화를 창조하는 교육을 강조하고 독서하는 국민이 되어야 하는 이유이기도 하다.

우리의 철학과 사상, 문학적 창조성, 민족적 개성을 지닌 예술

활동을 가벼이 여겨서는 안 된다. 인문학의 가치가 최선임을 잊어서는 안 된다. 긴 역사가 지난 후의 조국의 운명을 생각해 보자. 지금의 강대국들은 로마의 후예로 남을 수 있으나, 정신문화를 창조해 남겨주는 나라는 아테네와 같은 문화를 계승할 수 있을 것이다.

그럼에도 불구하고 우리 정치 지도자들이나 대학과 정신문화의 책임자들은 어떤 생각을 하고 있는지 묻고 싶어진다. 정치나 경제는 소중하나 그 자체는 인간 생존의 목적이 아니다. 문화사회의 가치는 인문학에서 평가됨을 명심해야 한다.

3·1운동
휴머니즘이

미래의
원동력이다

모든 역사적 사건에는 의미가 있다. 과거를 뒤로하고 새로운 미래를 창출하고자 하는 발전적 변화다. 3·1운동이 일어난 지 벌써 100년이 훌쩍 지났다. 지난 한 세기를 성찰하면서 앞으로 한 세기를 어떻게 이끌어가야 하는가를 묻지 않을 수 없다. 3·1운동을 계기로 혁신적 변화를 가능케 한 것은 '생존 단위'가 달라졌다는 사실이다. 그전까지는 삶의 단위가 '나와 가정'이었으나 전 국민적 봉기를 치르면서 생존을 위해서는 '민족과 국가'가 먼저이면서 절대적이라는 각오를 하게 됐다. 살아남기 위해서는 자유와 독립이 절체절명의 과제임을 깨닫게 된 것이다.

가장 시급한 의무는 민족의 성장을 위한 교육이었다. 몇천 년 동안 이루지 못했던 교육 부흥 운동이 자발적으로 일어났다. 기독교회와 선교사들의 업적도 대단했다. 교육이 곧 자립의 길이라는 공감대가 형성되었다. 교육의 열기는 광복과 6·25전쟁을 겪으면서 더 활발해졌다. 지금은 선진국 대열에 참여할 정도다.

교육 다음의 문제는 절대빈곤을 자력으로 극복하는 것이었다. 그 해결을 위해서는 절대다수의 국민이 얼마나 일을 사랑하고 스스로 행복해지는 임무를 감당하는가에 달려 있다. 6·25전쟁 이후의 처참한 상황에서도 우리는 경제 성장의 노력을 멈추지 않았다. 1981년 서울대학교 사회학과에서 국민의 의식구조를 조사한 결과를 보았다. 먹을 것이 있고 생활이 안정되어도 일을 하겠느냐는 질문에 국민의 86퍼센트가 "일을 하겠다"라고 대답했다. 이런 국민의 의식 변화로 인해 절대빈곤에서 벗어날 수 있었고 오늘날 경제의 원동력이 됐다.

우리는 국내에 있으면서 그 변화를 크게 느끼지 못하고 지냈다. 지금은 세계 여러 나라가 그 사실을 인정하고 있다. 당시에 한국을 방문했던 호주의 밥 호크 총리는 한국 경제의 장래를 높이 평가하며 "일본 다음의 경제국이 될 것"이라는 찬사를 보냈을 정도다. 학문 예술을 비롯한 문화 분야의 성장은 꾸준히 계속됐다.

정부의 간섭이 적었기 때문에 여러 분야에서 업적을 남겼다. 젊은 이들의 창의 발랄한 활동은 국제적 정평을 얻고 있다.

100여 년 동안 많은 시련을 겪었음에도 불구하고 우리 정치는 국제적 민주국가로 인정받고 있다. 물론 갈 길이 아직 남아 있다. 국민의 민주 역량은 정부의 이념 정치보다 앞서 있다. 북한의 실정을 봐왔고 최근 중국이 추진하는 공산당 정책을 긍정적으로 평가하는 우리 국민은 없을 정도다.

우리가 예상하지 못했던 또 하나의 사회적 업적에 따르는 혜택이 생겼다면 의료봉사의 보급과 기술적 성장이다. 3·1운동 당시만 해도 의료 혜택의 국민화는 미미한 상태였다. 그러나 그 분야에서도 우리는 괄목할 만한 성과를 거두었다. 다행스럽고 감사한 일이다.

국내에서 이런 과정을 밟고 있는 동안 주변 세계도 큰 변화를 이루었다. 현 정부나 정치계를 보면 우물 안 개구리라는 생각이 들 정도다. 20세기의 가장 큰 발전적 변화는 공산주의 사상과 공산주의 국가의 몰락이다. 그 결과로 정치적 좌우는 사라지고 진보와 보수가 정립됐다. 지금은 보수와 진보가 공존 상태를 넘어 더 소망스러운 장래를 위해 '열린사회로 가는가, 닫힌사회로 후퇴하는가'가 세계적 과제가 되었다. 공산국가를 비롯한 폐쇄된 사회는 스스로의 종말을 초래했기 때문이다. 우리는 북한의 현실에서 그 현상을 보고 있다.

물론 그것으로 그치지 않는다. 컴퓨터와 지능 기계의 개발과 그 결과는 세계사를 새로운 차원으로 바꿔놓을지 모른다. 열린사회를 위해서는 미래에 다가오는 과제를 생각지 않을 수 없다. 우리가 그 구체적인 해답을 내리기는 힘들다. 그러나 두세 가지 책임 있는 기대는 있어야 한다.

첫째는 정권주도적인 과거를 버리고 국민이 주권을 행사하는 민주주의로 재출발하는 책임이다. 둘째는 21세기에는 아시아에서 어느 국가가 정신문화의 선도권을 차지하느냐이다. 인문학적 사유와 성장을 위한 노력이 필수적이다. 그리고 이 과제들을 가능케 하는 원천은 근대 역사의 원동력이 되었던 휴머니즘의 육성이다. 자유와 인간애의 기본권이다. 창조력을 포기해서도 안 되지만 인간애를 배제한 정의와 평등은 존립할 수가 없기 때문이다.

사랑이 있는
교육이

우리의
희망이다

교육계의 변화는 교실의 변화와 함께 이루어진다. 가장 중요한 변화는 스승 중심의 교육이 학생을 위한 교육으로 개선되었다는 점이다. 스승에게 복종하던 긴 과거가 끝나면서 대화를 나누며 함께 가는 교실이 되었고 지금은 학생들의 인격과 미래를 위한 교육으로 전환된 지 오래다.

 나는 민족주의 기독교 학교에서 스승들의 극진한 사랑을 받다가 졸업하기 1년 전부터는 일본 교육의 대표 격인 공립학교 교육을 받았다. 조선총독부가 우리 학교를 폐교시키고 일본 학생들과 합쳐 5년제 중학교로 만들었기 때문이다. 민족주의 교육에 적대

의식을 갖고 있는 교장과 교사들은 우리를 보기 싫은 의붓자식처럼 대했다. 우리 반 담임은 그 대표자를 자처하고 있었다. 교육보다는 황국신민을 만드는 것이 급선무였다.

한번은 교사가 수업을 끝내고 나가면서 "김형석, 너 나 따라 교무실로 와"라고 명령했다. 내가 끌려가는 것을 본 반우들은 '오늘은 네 차례구나!' 하는 표정이었다. 교무실로 끌려간 나는 여러 선생이 보는 앞에서 뺨을 여러 차례 심하게 얻어맞았다. 변명이나 항의는 필요 없었다. "사상이 돼먹지 못했다"라는 이유였다. 너같이 반일 감정을 가진 놈은 우리 학교를 졸업할 자격이 없으니까 자퇴해도 된다는 협박까지 삼가지 않았다. 나는 두 뺨을 얻어맞으면서 담임선생의 얼굴을 보았다. 증오심으로 가득 찬 표정이었다. '너 같은 놈 때문에'라는 증오심이었다. 그런 고통을 겪으면서도 졸업은 했다. 졸업이 즐겁기보다는 해방되었다는 안도감이 더 컸다.

광복 후 2년 동안은 고향 마을에서 사립학교를 운영했다. 고향 주변 젊은이들이 중등교육을 받을 수 있도록 도움을 주고 싶었다. 그 시기에 공산국가의 교육이 어떤 것이며 그 결과는 어떻게 될 것인가를 체험하고 예상해 보았다.

공산사회에서는 정치 이념 교육이 정신 교육의 목적일 뿐 아니라 그 성패를 정권과 민족의 운명으로 삼는다. 사상의 자유가 없기에 종교와 신앙, 인문학은 철저히 배제되었다. 이념 교육이 학교 교육의 기본 과제가 되면서 국민 전체가 이념 집단으로 재구성되어야 한다는 것이다. 지금의 북한이 밟아온 과정이면서 여전히 국가 존립의 필수조건으로 삼고 있다.

이런 과거와 주변 국가들의 상황을 살펴보면서 우리는 어떤 교육을 해야 하는가를 묻게 된다. 가장 중요한 교육의 목표는 학생을 위한 교육이지, 선생을 위한 교육은 허용될 수 없다는 신념이다. 학생들의 장래와 인격은 교사들보다 더 소중한 국가와 민족의 유일한 자산이다. 학생을 위한 교육은 나를 양보하고 희생시키더라도 제자들의 자유와 행복을 위한 사랑의 정신과 실천이 앞서야 한다. 만일 우리 교육자들 가운데 증오의 감정을 갖고 학생들을 대하는 교사가 있다면 용서받을 수 없는 죄악이다. 정부의 주장과 방향이라고 해서 정권이 바라는 이념 교육을 한다면 그것은 교육이라는 가면을 쓰고 학생들을 이용하는 반(反)교육적 결과를 초래한다.

지식을 가르친다는 것은 진리를 찾아가는 노력이다. 진리를 찾는 길은 진실을 찾아 공유(共有)하는 책임이다. 교사는 진실을 가르치고, 삶의 모범을 보여주어야 한다. 만일 교사 중에 진실을 고의로 은폐하거나 왜곡시키며, 역사적 진실까지 외면하면서 양심과 인류의 도리를 짓밟는다면 사회악의 주범이 된다. 진실을 위해 살아야 할 제자들을 정치 이념의 제물로 삼아서는 안 된다. 정신 교육에 선택은 있으나 강요나 억압은 허용될 수 없기 때문이다.

내가 중학교에 입학했을 때, 부친이 들려준 말이 있다. "네가 긴 인생을 살아가는 동안에 나와 가정만을 생각하게 되면 가정만큼밖에 자라지 못한다. 친구들과 더불어 직장과 이웃을 위해 노력하면 그 사회의 지도자가 된다. 나아가 국가와 민족을 위해 헌신하면 너도 국가의 지도자가 될 수 있다"라는 충고였다. 모든 스승이 제자와 국가를 사랑하는 마음을 학생들에게 전해줄 수 있다면 새로운 사회를 건설할 수 있을 것이다.

큰 나라,

작은 나라,

행복한 나라

1962년 봄이었다. 기독교계를 대표하는 세 신학자가 미국에서 모인 적이 있었다. 폴 틸리히(Paul Tillich, 1886~1965) 교수와 라인홀드 니버 교수는 하버드대학교에 있었고, 스위스의 칼 바르트(Karl Barth, 1886~1968) 교수가 미국을 방문했기 때문이다. 「타임」에서는 칼 바르트가 미국을 방문한 것은 로마교황과 비슷하게 기독교계의 관심을 모았다고 보도했다. 미국은 개신교 국가로 알려져 있기 때문이다.

칼 바르트는 신학자이면서 인권 문제에 깊은 관심을 두고 있었다. 그 하나의 구체적인 사례로 기회가 닿는 대로 세계 여러 나라의 교도소를 찾아가는 습관이 있었다. 뉴욕에 왔을 때도 한 대표적인 교도소를 방문했다. 예상보다 낙후된 시설과 교도소 안의 실태를 살펴보았다. 교도 시설과 수감자들에 대한 물질적·정신적 대우와 교화 정책을 전해 들었다. 그러면서 부와 민주주의를 자랑하는 미국의 교도소 시설과 교화 교육이 이렇게 낮은 수준일 줄은 몰랐다고 했다. 인권과 인간성, 인간의 가치와 존엄성은 찾아볼 수 없었다는 비판을 남겼다. 그에 비하면 스위스의 교도소는 호텔 수준이라고 평했다.

같은 해 여름, 내가 스위스에 갔을 때였다. 스위스의 교도소는 수감자가 없을 때는 문을 개방하고 흰 깃발을 게양한다. 1년에 2~3개월씩 백기가 게양되곤 했는데 최근에는 백기를 보기 힘들어졌다는 것이다. 그 이유는 이탈리아 남부에서 근로자들이 많이 이주해 오면서부터라고 설명했다.

2025년 9월에는 우리나라 현대차와 LG에너지솔루션이 미국 조지아주에 배터리 합작공장 설립에 투자하고 그 주의 근로자들에게 직장을 제공한다는 계약이 성사되었다. 그 일을 책임지기 위해 미국으로 갔던 한국 기술자 475명이 입국 비자 문제로 구금되는 사건이 벌어졌다. 죄수 차림을 강요당하고 법적 절차도 없이 구금된 유치장 시설과 장비가 예상외로 열악했기 때문에 잠도 잘

수 없었고 최악의 처우를 받았다는 소식이 전해졌다. 서울의 교도소는 그에 비하면 호텔로 느껴졌을지 모른다.

물론 입국 비자 문제도 있었을 것이고 우리 기업체가 충분한 검증 절차를 밟지 못했는지 모르겠다. 그러나 인간적 대우를 받지 못하고 귀국한 것은 사실이다. 앞으로도 같은 사태가 계속된다면 두 정부 사이에 맺어진 계약은 성사되기 힘들 것이다. 미국도 돈과 권력만 있으면 외국인에게 이렇게 처신할 수 있다고 생각한다면 인권과 국제 질서는 유지될 수 없을 것이다.

그러나 돌이켜 보면 우리는 한국을 찾아오는 외국 근로자들을 어떻게 대하고 있는지 묻지 않을 수 없다. 정부보다도 우리 국민이 어떤 자세로 외국인들을 대하고 있는가. 나주에서 외국 근로자들을 화물과 함께 묶어 지게차로 들어 올린 작태까지 있었다는 보도가 진실이라면 나라와 국민의 수치가 아닐 수 없다. 그동안 우리가 쌓아 올린 경제성장과 민주정치를 국민 스스로가 훼손시킨다면 그 책임은 누가 감당해야 하는가. 아직도 인권 문제가 이렇게 열악했다는 사실에 놀라지 않을 수 없다.

미국은 세계에서 가장 큰 부를 자랑하는 민주 국가다. 스위스는 유럽 한가운데를 차지하는 작은 나라다. 어느 나라 국민이 더 행복한가. 20년 전까지는 세계 국민의 행복지수를 보곤 했다. 가장 행복한 나라들은 유럽 국가들이었다. 미국은 20등 아래위를 차지했다. 큰 나라가 겪은 어려움도 있었을 것이다. 여행해 보아도 그렇다. 정치를 열심히 하는 후진국과 공산국가 국민은 행복하지 못하다. 조용히 자기가 맡은 일에 책임을 다하는 국민이 행복하다. 스위스와 노르웨이에 갔을 때는 정치 뉴스가 들리지 않는다. 우리는 정치 뉴스를 제외하면 범죄와 법적 처벌 뉴스가 대부분이다. 세계의 많은 인구는 정치 때문에 고생하고 후진국은 가난의 결과로 고생한다.

유럽 대부분의 국가는 정신적 문화와 가치를 즐긴다. 강대국들은 권력과 무력을 자랑삼는다. 미국은 반세기 전만 해도 지금과 같은 나라가 아니었다. 스위스는 국민 질서가 주도하는데 미국은 부와 정치가 이끌어가는 후진성을 넘어서려 하지 않는다. 프랑스와 이탈리아를 여행할 때보다는 스위스나 노르웨이에 갔을 때 친절한 대우가 자연스럽게 느껴진다. 그 나라들은 부와 정치를 탈피한 나라 같았다. 고르게 잘 살기 때문에 부에 대한 욕심도 적고 법이 있는지를 의심케 한다. 대통령이 누군지 수상이 어떤 사람인지 모르는 것 같은 인상이다.

특히 스위스의 정신적 기본이 무엇인가를 역사적으로 찾아보면 역시 기독교 정신이 전통과 정신계를 형성한 인상을 준다. 교회는 줄어가고 있으나 기독교 정신이 사회와 역사의 저류를 이끌고 있다는 사실을 입증해 준다. 기독교가 남겨준 휴머니즘과 인간애의 정신이다.

철학과
신앙은

공존할 수
있을까

내가 학생 때부터 교수직을 떠날 때까지 그리고 지금까지도 독일의 칸트는 철학자 중의 철학자였다. 칸트를 모르는 철학자는 철학도 취급을 받지 못했다. 나도 그렇게 배우고 그렇게 가르쳤다. 어떤 교수들은 칸트 연구로 평생을 보내기도 했다.

　내가 칸트를 접하면서 받은 가장 큰 인상은 그의 철학자로서의 경건한 정신적 자세였다. 그는 철학자였기 때문에 기독교적 신앙을 언급하지는 않았다. 그것은 이성적 추구 이상의 신앙 문제였기 때문에 신학자들의 영역으로 한정 지었다. 학문적 가치를 위해 순수성과 한계성을 지켰던 자세다. 그러나 칸트의 인간성과 삶의 가치의 뿌리에는 기독교 정신과 신앙에 대한 경건성이 있었다. 종교론에서도 이성적 탐구의 영역이 뚜렷했고 실천이성비판의 윤리론은 암시적 결론이 기독교 정신을 뒷받침하고 있다.

그 때문이었을까. 칸트를 공부할수록 기독교 신앙을 더 굳건하게 수용하는 자신을 발견하곤 했다. 무신론자들의 철학에 심취하지 못한 원인이 되기도 했다. 일찍부터 칸트에게서 얻은 사상적 근거에는 '요청적 유신론', '유신론적 인간학' 같은 교훈을 수용하고 있었다. 칸트의 철학을 받아들이면서 종교적 신앙의 대문 앞에 선 인상을 받았다.

프랑스의 앙리 베르그송(Henri Bergson, 1859~1941)은 내가 공부할 때는 주류가 아니었다. 우리 시대의 많은 철학도는 독일 철학을 전공하든가 영미 철학을 연구했다. 프랑스 철학은 학문적 전통보다는 특이한 거인들이 많았기 때문에 역사적 주류를 이끌지는 못한 인상이었다. 그러나 베르그송은 한때 세계를 대표하는 철학자의 위상을 차지했다. 나는 베르그송을 읽으면서 영국이나 독일에서는 찾아볼 수 없는 관심과 도움을 받았다. 독일의 관념 철학도 아니지만, 영국의 경험론에 흡수되지도 않은 자세가 좋았다. 독일 철학은 과학성의 빈곤을 벗어나지 못했고, 영미 철학은 심리학적 경험론을 배경 삼고 있으나, 베르그송은 인간학적 과학성을 바탕에 두었다. 기초를 인간학적 뿌리에 두었기 때문에 누구도 그의 철학을 비판하거나 부정하는 학설을 제시하지 못한 것 같다.

나도 그의 의식 기능을 탐구하고 분석한 논문들을 읽었고 『창조적 진화』, 『도덕과 종교의 두 원천』을 읽었다. 많은 것을 배우고 깨달았다. 아쉽게도 그 당시 철학계에서는 독보적 위상을 차지했지만 칸트나 영미 철학자들처럼 전통 안의 거봉으로 남지는 못한 셈이다.

『창조적 진화』와 『도덕과 종교의 두 원천』을 읽으면서 베르그송의 사회관과 역사관, 종교관에 관심을 가졌다. 그는 유대인이다. 파리에 가면 그가 강의하던 강의실 벽 한쪽에 작은 흉상이 기념으로 남아 있다. 그가 종교나 기독교에 관해 언급한 내용은 많지 않다. 그 역시 실증적 사고를 근거로 한 철학적 한계를 견지하고 있다.

그런데 나는 베르그송 뒤에는 종교적 신앙이 자리 잡고 있으며 그 문제는 철학적 사유에 속하지는 않는다는 인상을 받았다. 그가 언급하는 인간 의식의 흐름은 역사적 진화와 관련이 있는 것으로 보였다. 도덕의 원천은 열린사회의 과정이며, 종교적 신앙은 창조적 원동력이라는 견해는 기독교적 세계관과 통합한다고 생각했다. 새로운 철학의 길이 있을 것 같다는 인상을 받았다. 그러나 내 철학적 과제는 다른 데 있었다. 내가 대학에서 강의할 때 또 다른 철학의 문제들이 주어졌기 때문이다.

이런 상념에 젖어 있을 때, 나에게는 약간 충격적인 소식이 전해졌다. 1941년, 일본에서 지성인들의 독점 신문이었던 「아사히(朝日)신문」 1면에 긴급뉴스가 실렸다. "세계적 프랑스의 철학자 앙리 베르그송 별세"라는 짧은 기사였다. 그 내용은 간단했다. 프랑스의 한 천주교 신부가 말하길, 베르그송이 죽기 2년 전에 자신을 찾아와 천주교 신앙을 고백하고 영세를 받았으며, 당시에 그 사실이 알려지면 조용한 여생을 보낼 수 없으니 죽은 후에 발표해 달라는 유언을 남겼다는 기사였다. 그의 죽음이 철학계와 정신세계에 그만큼 큰 비중을 차지하고 있었던 것이다.

나는 그 기사를 보면서 그랬을 것 같다고 수긍했다. 그는 철학자의 한계를 지키면서도 인간적 과제로서의 종교적 신앙을 지니고 있었을 것이다. 죽음이라는 자기 존재의 한계와 세계 역사의 장래를 위한 희망, 종교적 신앙의 초인간적 신앙을 함께 지니고 살았던 것이다.

나도 쇼펜하우어의 책과 니체의 철학을 읽으면서 오히려 신앙을 위한 경건성을 더 깊이 느꼈다. 도스토옙스키의 작품을 통해서 철학의 한계를 넘어 신앙적 희망을 더 굳건히 했던 과거를 잊지 못한다. 인간은 전통적 종교의 한계를 넘어 신앙의 영원성을 찾도록 태어났으며, 철학적 이성의 한계를 넘어 삶의 구원과 무관할 수 없는 현실에 머물고 있음을 발견하게 된다.

    인간과 그 문제의 해결을 위해서 철학적 사유와 신앙적 체험이 공존한다. 철학의 영역과 신앙의 체험은 진리와 실존의 공통된 문제이기 때문이다. 그들의 남겨준 결론은 무엇인가. 인간과 인류의 영원한 희망이다.

한글문화의

세계화를
위하여

나는 일제강점기에 태어난 것을 후회하거나 원망한 적은 없다. 그러나 다른 나라 사람들은 겪지 않아도 되는 어려움을 피할 길이 없었다.

초등학교 4학년 때까지는 우리말과 우리글밖에 몰랐다. 5학년이 되면서는 일본어를 배워야 중학교 이상의 교육을 받을 수 있었다. 중학교에 가서는 우리글과 일본어를 함께 공부했으나 상급반으로 올라가면서 일본어가 국어가 되고 우리글이 조선어로 푸대접을 받았다. 중학교 5학년 때 다닌 공립학교는 일본 학생과 함께 공부하는 학교여서 교내에서는 우리말을 사용하는 것이 금지되었다. 우리글 문법도 배우지 못했고 노력이 없는 학생은 우리말과 우리글의 중요성은 물론, 그 가치까지 포기하면서 살았다. 일본어의 수준이 사회 진출과 생활의 위상을 좌우하는 세상이 되었다.

대학은 일본에서 다녔다. 한국어는 듣기 어려운 상황이었다. 일본어 능력이 일본 학생들과 우열을 정하는 상황으로 바뀌었다. 내가 누구냐고 물으면 제2의 일본인으로 취급받고 싶지 않은 사회가 되었다. 나도 모르게 일본 학생들보다 더 앞서는 글과 논술을 쓰고 싶다는 경쟁심까지 느꼈다.

해방이 되었다. 20여 년 동안 쌓아 올린 일본어를 적대시하는 자신을 발견했다. 우리말과 우리글을 되찾아 살려야 하기 때문이다. 그러나 나와 같이 서양 학문을 전공하는 사람은 영어를 비롯한 서양어에도 관심을 가져야 했다. 고등교육과 학문의 필수 과정이 되었기 때문이다. 우리말과 우리글을 체계적이고 학문적으로 정리하기 전에 서양어를 전공하는 의무를 졌다.

대학을 마치고 사회인으로 출발하면서는 우리말과 우리글은 물론, 역사까지도 다시 살려야 했고 미숙한 한글로 학생들을 가르쳐야 하는 상황이 되었다. 중고등학교 교사가 되었지만 문장다운 글은 쓰기 힘들었고 세련되고 성숙한 문장을 구사할 자신이 없었다. 나는 비교적 중고등학생 때 독서를 통해 한글문화를 많이 접한 편이지만 막상 글을 쓸 때는 사상과 감정을 충분히 표현할 수 있다는 자신감을 가지지 못했다. 그러면서도 대학에 교수직을 두었기 때문에 문장다운 문장을 쓰고 싶었다.

샘물은 자연히 흘러나와야 하는데 언어, 특히 형용사의 빈곤은 어쩔 수가 없었다. 항상 내가 쓴 글에 불만을 자인하면서도 글을 써야 하는 세월을 보냈다. 그래도 여러 권의 저서를 남겼고 독자들의 호응도 좋았다. 그러나 시인이나 정서가 풍부한 소설가의 글을 읽을 때는 부럽기도 하고 내 글과 문장의 미숙함에는 부끄러움도 느꼈다. 지금도 그렇다.

문필 생활을 계속하는 것은 문장과 예술성보다는 철학을 공부하는 동안 터득한 정신과 사상의 결과 덕분이다. 좋은 방향으로 해석한다면 내 사상이 문장과 표현의 부족을 대신해 준다는 위로를 받는다. 사상이 빈곤하거나 존재하지 않는 문장과 저서는 생명력이 빈약하기 때문이다. 내가 태어날 때부터 주어진 언어적 빈곤을 사상의 결실로 채울 수 있어 오늘의 내가 있다는 위로를 받는다. 고민이 있다면 100의 사상을 언어의 빈곤 때문에 80 정도밖에는 빛을 남기지 못하는 후회스러움이다.

그뿐만이 아니다. 연세대학교에 가면서 한국적인 것이 무엇인가 묻게 되었다. 가장 한국적인 것이 가장 세계적인 것이라는 관념이 보편화되었을 때였다. 나는 한국인임을 벗어날 수는 없다. 그러나 일찍부터 기독교 분위기에서 자랐고 서양 학문을 공부해 왔기 때문에 한국적인 것이 무엇인지 대답할 자신이 없었다. 한국인이면서도 한국적인 것을 체감하지 못한다면 그 삶은 자기모순이 된다.

일본에 있을 때 도쿄도립미술관 식당에서 웨이터로 일한 적이 있다. 그때 미술관에 전시되던 일본화와 서양화를 많이 감상했다. 그러면서 나도 모르게 일본적인 그림을 통해 예술을 느끼고 발견했다. 시간이 허락되는 대로 서양화 전시회와 화집을 보면서 서구적인 것도 접할 수 있었다.

그 영향이었을까. 서울에서 열리는 국전을 비롯한 한국화를 보기 시작했다. 그 당시의 한국화는 중국에서 전해진 동양화의 전통에서 탈피하는 시기였던 것 같다. 점차 동양화를 탈피한 한국적 회화를 접하기 시작했다. 한국화는 중국화와도 구별되지만, 일본화와는 완전히 달랐다. 전통적인 화가들의 그림을 보다가 수는 많지 않으나 선비들이 그린 인문화를 보게 되면서 한국적인 것을 새로이 발견하기 시작했다. 그리고 처음으로 우리 민화를 접하게 되었다. 민화는 완전히 한국적인 우리 것이었다. 세계 어디에서도 볼 수 없는 생활상과 풍속미가 가득 차 있었다. 민화 중에 무속인들이 그린 그림을 보면서 그 특수함에 빠지기도 했다.

그러다가 우연히 한국 도자기를 찾아보기 시작했다. 신라 시대나 고려 시대, 조선 시대에 이르는 풍부한 소재에 놀라움을 느꼈다. 천년이 넘는 역사적 유물들이다. 도자기는 다른 그 어느 것보다 유려하게 한국적인 것을 간직해 왔다. 조선왕조 초기의 백자는 세계 어디에서도 유례가 없는 한국적인 미를 갖추고 있었다. 한국 도자기는 자연미, 인간미, 생활미까지 갖추고 있다. 다른 나라에서는 찾아볼 수 없는 인간미가 가득한 작품들이다. 튀르키예 이스탄불에서 동양과 서양의 도자기들을 풍부히 감상할 수 있었지만 한국 도자기 같은 특수성은 찾아볼 수 없었다.

그런 과정을 거치면서 가장 한국적인 것이 가장 세계적인 것이라는 생각을 정리하게 되었다. 가장 일본적인 것이 가장 세계적인 것이라고 한다면 어폐가 있다. 에스키모인들이 가장 에스키모적인 것이 가장 세계적인 것이라고 고집할 수는 없다. 오히려 가장 인간적인 것이 가장 세계적인 것이라는 개념을 인정하고, 가장 한국적인 것에 인간적인 공통성이 있을 때 가장 세계적이라는 사상이 더 타당성을 차지할 수 있다.

한국적인 특수성과 인간적이라는 보편성을 갖춘 사상, 예술, 문학이 세계적인 평가의 대상이 된다. 음악, 회화 같은 예술성은 물론 문학예술은 더욱 그렇다.

나이가 들면서 우리의 문학, 회화, 인문학 등이 세계 어떤 사회보다도 인간적 보편성을 창조해야 한다는 새로운 희망을 찾을 수 있었다. 셰익스피어의 문학작품이 시대와 나라를 넘어 세계적 평가를 받는 것도 그렇다. 미켈란젤로의 벽화를 보기 위해 몇백 년 동안 관광객의 발길이 이어지는 이유도 마찬가지다. 이탈리아의 어떤 기업가도 시스티나 성당의 관람객만큼 경제 수입을 도울 수 없다는 자부심도 인정받을 만하다.

이런 정신문화적 과업은 정치나 경제적 성장 과정을 거쳐야 한다. 그리고 국민의 교육 수준과 문화 전통이 더 소중한 과정과 목적임을 가볍게 보아서는 안 된다. 정치 경제의 목적과 국가적 자존심의 과제이기 때문이다. 기본 문제는 간단하다. 우리 국민이 어떤 사상과 정신적 이상을 갖고 사는가다. 그리고 이성적 사유에 따르는 진리와 진실, 자유와 도덕적 가치, 이 모든 것을 완성하는 열린사회와 인간애의 가치가 구현되는 사회를 만들기 위해서는 우리의 참여와 노력이 필수적임을 잊어서는 안 된다.

나는
간디와 함께

자란 것
같다

어떤 일이 계기가 되어 간디를 정신적 스승과 같이 받아들이게 되었는지는 기억나지 않는다. 중학교 1학년 때쯤 간디의 전기를 읽었을지 모르겠다. 중학교 2학년에 톨스토이를 읽었으니까 그때 기억은 확실하다. 톨스토이보다 먼저 간디가 내 마음자리를 차지하고 있었다.

스물이 되면서 일본 도쿄로 유학을 떠났다. 좁은 셋방을 구하고 일본에서의 첫날이었다. 간디가 나오는 꿈을 꾸었다. 중국의 넓은 들에 임시로 만든 널찍한 강단이 있고 그 위에서 누군가가 연설하고 있었다. 100명 전후로 추측되는 허술한 아시아인들이 강연을 듣고 있었다. 가까이 가보았다. 간디가 강연을 끝내면서 "내 후계자가 될 젊은이를 소개하겠다"라면서 나를 단상으로 올리는 것이다. 깜짝 놀라면서 꿈에서 깨어났다.

중학생 때는 도산 안창호의 강연을 두 차례 듣고 '작은 도산'이 되고 싶다는 꿈을 가졌는데, 이제는 한국을 넘어 아시아와 세계의 정신적 지도자의 한 사람이 되어, 간디의 정신을 계승하라는 뜻인가 싶었다. 그때부터 간디에 관한 관심이 커진 것 같은 생각도 든다.

30대가 되었다. 우리나라 교육부에서 중학교 국어 교과서에 간디를 소개하고 싶으니 집필해 달라는 청탁을 받았다. 소중한 일이기 때문에 그 요청을 받아들였다. 많은 학생에게 마음의 스승인 간디를 전해주는 일에 보람을 느꼈다.

40대 초반에 처음으로 교환교수로 미국에 가게 되었다. 미국에서는 적지 않은 미국인들이 간디에 관해 연구하고 있었다. 주로 영국 계통의 지성인들이었다. 그들은 간디를 영국이나 인도를 넘어 세계적인 인물로 받아들이고 있었다.

미국 LA 부근에 리버사이드시가 있다. 그 일대는 옛날부터 오렌지 농원으로 유명한 곳이다. 시청 앞에는 직사각형의 긴 공원이 있다. 그 공원 맨 앞에는 미국의 흑인 운동을 대표하는 마틴 루터

킹 목사의 동상이 있다. "나에게는 꿈이 있다"라는 그 유명한 글귀가 있던 것 같다. 그 뒤에는 도산 안창호의 동상이 있다. 도산이 처음 미국에 가서 생계를 위해 일했던 곳이 리버사이드의 오렌지 농원이기 때문이다. 너그러운 인품과 성실한 노동으로 모범을 보여준 도산을 기억하는 농장주와 한인협회 유지들이 세운 기념 동상이다. 도산이 나중에 한국의 정신적 지도자가 되었다는 사실을 기념하기 위해 세웠다.

그리고 얼마 후에는 그 뒤에 간디의 동상이 세워졌다. 아무 인연도 없으나 간디의 정신적 위대함을 기억하고 싶어 세운 것이다. 백인이 아닌 흑인, 노동자로 다녀간 동양인, 미국과는 상관이 없는 인도의 정신적 지도자의 동상을 기리는 시민들의 정신적 수준을 일깨워 주는 기념상들이다.

나는 두 차례 세계여행을 하면서 인도를 방문했다. 간디에 관한 유적을 찾아보고 싶었다. 많은 유적을 남긴 편은 아니었다. 간디를 알면 인도의 근현대사를 알게 되며 인도를 식민지로 삼았던 영국과 인도의 역사를 깊이 이해할 수 있다. 그러나 그 당시에 인도를 여행한 사람은 예외 없이 간디의 정신이 인도 국민 전체를 이끌어갔음을 깨닫게 된다. 그가 남겨준 정신이 20세기 세계에 큰 영향을 남겨주었다. 중학생이었던 어린 내 마음에도 간디의 정신이 전해졌을 정도였다.

　인도 뭄바이에 가면 간디가 손수 물레질을 해 천을 짰던 물레가 그대로 보존되어 있다. 뉴델리에는 기계문명을 좋아하지 않았던 간디가 기계의 도움을 받지 않고 제작한, 돌로 꾸며진 넓은 공간의 무덤을 보게 된다. 그러나 더 잊을 수 없었던 것은 관공서는 물론, 공공기관 어디에 가든 간디의 초상화가 있고 지성인이나 학생들의 책상에도 그의 사진이 놓여 있었다는 점이다. 간디를 모르는 인도인은 찾아볼 수 없을 정도로 사랑을 받고 있었다.

　40년쯤 전이었을까. 간디의 생애를 보여주는 영화가 미국에서 제작되어 전 세계에서 상연된 일도 있었다. 긴 시간 동안 간디의 모습과 정신을 상세히 알려주었다. 그 마지막 장면이 가장 인상적이었다. 영국으로부터 독립을 이루어낸 인도는 전통적인 힌두교와 이슬람교로 분리되어 통일된 국권을 찾아 누릴 수 없을 정도가 되었다. 간디는 인도의 장래와 위대한 조국을 위해 두 종교의 통합을 호소했다. 그 뜻을 위해 생애 마지막 단식까지 감행할 정도였다. 간디가 힌두교 제전에 참석하기 위해 군중들 사이에서 걸어가고 있을 때 한 젊은이가 무릎을 꿇고 간디가 축복해 주기를 원했다. 간디가 그 젊은이의 머리에 축복의 손을 얹었을 때 총격이 일어났고 79세 간디의 죽음을 앞당겼다. 1948년 초의 사건이다.

간디의 죽음이 전 세계에 전해졌다. 나는 그때 삼팔선을 넘어 탈북해 서울 신촌에 머물고 있었다. 뜰에 나갔다가 주인집 라디오에서 나오는 뉴스를 들었던 기억을 잊지 못한다.

그 영화 마지막 장면이다. 간디의 시신은 화장되어 인더스강에 뿌려졌고, 간디의 기도가 들려온다. 모든 거짓이 사라지고 진실이 남기를, 온갖 폭력이 사라지고 사랑이 있는 세상이 되기를. 간디의 정신이 바로 그것이었다. 진실과 인간애가 없는 사회와 역사는 용납될 수 없기 때문이다.

2015년에는 영국 런던 국회의사당 앞 광장에 간디의 동상이 건립되었다는 소식이 전해졌다. 영국이 침탈한 식민지였던 인도의 지도자를 기리는 동상을 세운 영국인들에게 경의를 표한다. 그러나 그 어느 영국인보다도 간디에 대한 세계인의 존경심이 더 높다는 사실은 무엇을 뜻하는가. 진실과 사랑의 정신이 인류의 희망이기 때문일 것이다.

부록

독서하는
국민이 되어야
한다

내 고향의 초등학교는 4학년까지 있었다. 아버지는 몇 곳의 초등학교를 찾아보다가 평안남도 대동군 용산면 하리 칠골 마을에 있는 창덕소학교에 나를 보내기로 했다. 나중에 알게 되었지만, 그 학교는 교회에서 설립한 학교였고 북한 공산정부 수반이 될 김일성의 모교이기도 했다. 아버지가 열두 살이 된 나를 데리고 5학년에 편입시키기 위해 찾아갔을 때는 3월 초순이었다. 학교 교무실에 화덕 불이 따뜻했던 기억이 있다.

내 시험관은 5학년과 6학년을 한 반에서 가르치는 윤태영 선생이었다. 학생 30명 정도를 동시에 가르치고 있었다. 몇 가지 질문을 해보고 내가 일본어를 하나도 배우지 못한 사실을 알게 된 윤 선생이 교감선생에게 일본어 교과서를 못 읽기 때문에 안 되겠다고 했다. 할 수 없이 떨어졌다고 낙심했는데 옆에서 보고 있던 교장선생이 "안 배운 걸 어떻게 알겠나. 애가 똑똑해 보이니까 입학시켜 주게. 모르는 것을 가르치는 것이 학교지"라고 했다.

나중에 알게 된 바로는 교회 목사님이 교장직을 겸했고, 목사님은 나이가 많은 분이었다. 그렇게 해서 창덕소학교에서 5, 6학년을 다녔고 졸업할 때는 성적이 좋았다. 그 담임선생이 가난하고 병약해 중학교는 생각도 못 했던 나를 중학교에 가도록 이끌어준 은인이 되었다. 초등학교를 졸업할 때까지는 교과서 외에 읽을 만한 책은 보지도 못하고 자랐다.

숭실중학교 1학년 초창기였다. 누가 쓴 어떤 내용인지도 모르고 간디의 전기를 읽었다. 그때는 간디가 기독교인인 줄로만 알았다. 모든 내용이 그렇게 느껴졌다. 그 책을 통해 평생 잊을 수 없는 가르침을 받았다. 거짓과 폭력은 죄악이라는 내용이었다. 거짓이란 무엇인가. 하느님의 뜻을 어기는 것이다. 전쟁은 폭력 중의 폭력이었다. 그것이 바로 기독교 정신이기도 했다. 열네 살의 나는 진리와 사랑이 인생의 귀중한 희망이라고 믿게 되었다.

중학교 2학년이 되었다. 숭실전문학교와 공동으로 사용하는 도서관을 찾았다. 허락을 받아 책이 즐비해 있는 서가에 들어가서 구경하다가 『전쟁과 평화』라는 책을 보았다. 두 권의 두꺼운 책이었다. 세상에서 가장 중요한 문제는 전쟁과 평화인데 한번 읽어보자는 욕심이 생겼다. 도서관에서 아르바이트하던 상급생에게 빌려다 보고 싶다고 했더니 놀라는 표정으로 나를 보다가 허락해 주었다. 부모님은 초등학교도 다니지 못했고 지도해 주는 선생도 없었다. "지금 읽을 책이 아니니까 기다렸다가 상급반이 되면 읽어라"라고 권고해 주는 이도 없었다. 왜 그런 모험을 했는지 지금도 모른다. 열심히 읽기 시작했다. 톨스토이의 『전쟁과 평화』 일본어 번역판이었다.

몇십 페이지를 읽은 후에야 이 책이 전쟁과 평화에 대한 내용이 아니라 장편소설이라는 것을 알았다. 그리고 톨스토이가 러시아를 대표하는 세계적 작가라는 사실을 알게 되었다. 기억력이 왕성한 때였다. 지금도 소설에 나오는 주인공과 장면들이 영화를 보는 듯이 기억에 남아 있다.

안드레이 공작이 전쟁에서 부상당해 전사자들 사이에 쓰러져 있고 승리를 이끌어낸 나폴레옹이 말을 타고 전장을 살피는 장면이 있다. 죽음을 기다리던 공작의 눈에 넓은 하늘 아래 나폴레옹은 너무나 왜소하게 보였다. 자연의 무한성, 인간의 부질없는 작태들…, '인생은 무슨 의미가 있는가'라는 듯 과거가 물거품같이 사라져 가는 환상으로 떠오르던 장면도 있었다.

러시아 점령을 자신했던 나폴레옹의 작전을 예측한 쿠투조프 장군은 나폴레옹 군대를 모스크바 접경까지 유인해 오면서 점차 궁지로 몰아간다. 그들이 수도인 모스크바에 접근해 오자 나폴레옹 군대에 치명타를 가하고 모스크바를 포기하면서 후퇴한다. 모든 시민도 식량과 혹한을 견디기 위한 물건들을 챙겨서 피난을 떠난다. 쿠투조프 장군은 아무것도 남기지 않고 시내 건물을 모두 불태워 버린다. 나폴레옹 군대는 최후의 전력을 다해 모스크바로 진입하면서 승리의 기쁨과 환희로 자축한다.

그러나 북유럽의 추위를 견디며 불타는 시가를 정돈하기에는 여력이 없었다. 혹한과 굶주림을 견딜 수 없었던 나폴레옹 군대는 목숨을 건지기 위해 자진해 후퇴한다. 그때를 기다리던 러시아 군대는 요소요소에서 습격을 가한다. 전투력을 완전히 상실하고 무기까지 포기한 나폴레옹 군대는 거의 전멸하고 살아남은 소수의 군인이 목숨을 유지했을 뿐이다. 방대한 대자연 앞에 가장 강력했던 프랑스와 나폴레옹의 운명이 끝나버린다. 이런 장면들을 연상하면서 철없는 중학생이었던 나는 무엇인가 인생과 역사의 의미를 발견했던 것 같다.

뒤따라 『안나 카레니나』도 읽었다. 좀 더 여유 있는 문학적 예술성에 감탄했다. 문학예술의 위대함을 체감했던 것 같다. 전 세계적으로 많은 독자를 차지했던 『부활』도 읽었다. 두 거작에 비해 약간 실망스러운 인상을 받았다. 그 밖에도 「인생론」 같은 에세이도 읽었다.

그때부터 간디와 톨스토이는 내 사상에 떠날 수 없는 인생관과 문학예술의 깊은 유산을 남겨주었다. 한때는 나 자신보다도 간디와 톨스토이의 정신과 사상이 나를 이끄는 듯한 느낌이었다. 내 마음의 그릇은 비어 있었고 두 사람의 유훈은 넘치고 있었으니까.

중학교 3학년이 끝날 때였다. 기독교 학교이면서 민족주의 교육에 앞장섰고 신사참배까지 거부했다는 이유로 학교를 폐교하겠다는 명령이 내려왔다. 숭실전문학교와 숭의여자중학교도 같은 운명에 처하게 되었다. 선교사였던 교장이 떠나고 신사참배를 하기로 교육방침을 바꾸는 것밖에 살길이 없었다.

나도 고민을 거듭했지만 신사참배는 기독교 신앙인의 길이 아니라 일본에 굴복하는 변절이기 때문에 학교를 떠나기로 결심했다. 한 반에서 공부하던 윤동주 형도 만주로 돌아가고 황순원 선배와도 마지막 작별이 되었다.

자퇴한 나는 갈 곳이 없었다. 그래서 학교 대신 평양시립도서관에서 혼자 공부하기로 했다. 자전거로 통학했기 때문에 20리나 떨어진 시골에서 출발해 오전 9시부터 도서관에서 공부하고 오후 5시가 되면 귀가하는 7~8개월을 보냈다. 그 기간에 많은 책을 읽었다. 춘원의 소설을 비롯한 한국문학도 읽었고, 기독교에 관한 일본어 책도 접할 수 있었다. 나중에는 생소하기만 했던 철학책도 읽었다. 이해하지 못하면서도 철학사, 철학 개론, 윤리학도 읽었다. 지나친 욕심인 줄 알면서도 자연스럽게 철학에 흥미와 관심을 갖게 되었다. 그전에도 교과서 외에 여러 권의 책을 읽은 경험이 있었기에 철학도 그렇게 난해하다고는 생각지 않았다.

고뇌스러운 몇 달을 보내던 중 서대문 감옥에 계셨던 도산 안창호 선생이 10월 초순에 고향 마을을 방문하는 기회가 생겼다. 건강 때문에 얻게 된 가출옥 기간이었다. 토요일에 와서 삼촌 집에 머물면서 저녁때는 동네 유지들과 강연 시간을 갖고, 일요일에는 교회당에서 설교하게 되었다. 학교에도 못 가고 있던 나는 두 차례 도산 선생의 강연과 설교를 듣는 기회를 얻었다. 나는 크게 감명받았다. 선생의 기독교 신앙을, 기독교의 진리가 국가 민족의 생명력임을 느꼈다. 그분의 인격과 민족 사랑, 기독교 신앙이 동일체임을 발견했다.

그 후 도산은 감옥에 다시 수감되었다가 6개월 후에 세상을 떠났다. 동네 어른들과 교회 목사님이 도산 선생을 배웅할 때 나도 뒤따랐다. 그리고 집으로 돌아오면서 철학을 공부해 도산과 같은 정신적 지도자가 되고 싶다는 뜻을 굳혔다. 그리고 신사참배를 하더라도 학교에 가야겠다고 생각을 바꾸었다.

하지만 1년 후에는 숭실학교가 완전히 폐교되고 일본 학생들과 함께 수학하는 공립 중학으로 개편되었다. 그러나 2년여의 학교생활에는 뚜렷한 변화가 생겼다. 1년 동안 독서를 한 것이 학교 공부 못지않게 소중했던 것이다. 다른 학생들에 비해 더 어른이 된 것 같은 자부심을 느꼈다. 자연과학과 외국어 과목을 제외한 수업에서는 내 생각과 사상이 앞서 있다는 생각도 가졌다. 일본어로 된 국어 교과서와 한국어 독본의 내용들은 내가 읽은 독서에 비하면 초보적이었다.

중학교를 졸업하고 1년 동안 고향에서 초등학교 교사로 있을 때도 독서는 계속했다. 그리고 철학 공부를 위해 일본 대학으로 떠났다. 대학예과 2년은 어학과 교양과목이 중심이었다. 모두 독서와 병행하는 과목이었다. 그 당시 대학생들은 누가 독서를 많이 했는가가 학업의 표준이었다. 나도 그중 한 사람이었다. 철학을 위한 인문학 분야의 독서를 계속했다. 역사, 문학을 비롯한 고전이 독서의 대상이었다.

문학부인 철학과에서는 더욱 그랬다. 교수의 한 학기 강의를 듣기 위해서는 두세 권의 필독서가 뒤따랐다. 그래야 학기말 시험을 보거나 리포트를 제출할 수 있었다. 지금 생각해 보면 나도 모르는 사이에 인문학적 기초를 준비했던 셈이다. 그리고 철학 고전은 강의를 듣기 전에 미리 읽어두는 것이 보통이었다. 철학을 비롯한 인문학은 독서 없이는 불가능했다. 나는 일찍부터 기독교 신앙을 갖고 자랐다. 더 폭넓은 서양철학적 소양을 위해 종교 책을 읽었다.

그 당시 일본 도쿄는 아시아에서 가장 높은 문화 수준을 유지했고 인문학적 소양도 풍요로웠다. 폭넓은 독서 혜택을 얻었다. 영국이나 프랑스 못지않게 독일과 러시아 문학도 많이 번역되어 있었다. 서양 문화가 영국에서 프랑스로, 다시 독일을 거쳐 러시아로 가는 것 같은 느낌이었다. 그리고 영국, 독일, 프랑스, 러시아의 대표적인 저서들이 나오는 대로 일본어로 번역돼 출판되었다.

철학은 독일의 관념론이 전성기여서 일본 철학계는 독일 철학의 지점 같은 위치를 차지했다. 나도 철학 분야의 책을 읽었다. 톨스토이에 심취했던 과거가 있어서일까, 아니면 러시아의 정신과 사회적 삶의 풍토가 영국, 프랑스, 독일에 비해 동양적이었기 때문이었을까 러시아 문학에 공감대가 컸던 것 같다. 도스토옙스키

문학은 한층 더 철학과 인간학적 깊이를 함축하고 있었다. 『죄와 벌』, 『카라마조프가의 형제들』은 인간과 기독교의 이해에 큰 도움을 주었다. 당시 일본 대학생들은 니체와 독일 문화에 빠져 있었다. 나도 그중 한 사람이었다.

그리고 일본 사상계에는 특이한 현상도 있었다. 키르케고르의 저서들이 독서층에 선풍을 일으켰다. 1900년경 서구 사상계는 널리 알려지지 않았던 덴마크의 철학자 키르케고르의 저서들이 독일어로 번역되면서 독일 철학계를 휩쓸었고 뒤따라 일본 독서계에도 영향을 미쳤다. 마우리 선교사는 미국 기독교계의 사상가이면서도 일본을 보고 키르케고르의 저서들을 미국에 전달했을 정도였다.

키르케고르는 기독교 철학과 개신교 신학을 겸하며 기독교 정신계에 폭넓고 깊은 영향을 남겼다. 그 열매는 독일이 차지했고 그 혜택은 일본 철학과 기독교 철학을 탄생시켰다. 나 또한 『죽음에 이르는 병』을 번역해 최초로 키르케고르를 한국에 소개한 셈이다. 실존철학의 개척자는 니체보다 키르케고르로 보아도 좋을 것이다. 한국에도 키르케고르 전문 철학자들이 등단했다. 고려대학교의 표재명 교수가 그중 한 사람이다.

내가 대학 초창기에 기독교 관계의 독서를 한 세 사람이 있다면 중세의 아우구스티누스, 17세기의 과학자 파스칼 그리고 키르케고르를 연상했을 정도이다. 그리고 한 사람을 더 추가한다면 도스토옙스키다. 어떤 신학자들보다도 기독교 이해에 깊은 도움을 받았다. 흔히 실존주의 철학을 연구하는 사람들이 유신론적 실존은 키르케고르에서, 무신론적 실존의 시초는 니체를 지목하는 이유도 그런 맥락이다.

한 가지만 더 추가한다면 인문학의 넓은 영역을 차지하는 문학 분야다. 일본에 있으면서도 일본 문학에 관한 독서는 그다지 하지 않았다. 일본 문학은 일본 것이기 때문에 관심이 없었다. 일본에 유학하면서 서구철학과 기독교 사상에 빠져 있었다면 그 자체가 자가당착이다. 그러나 그 방법밖에 없었다. 색다른 점이 있었다면 내가 다닌 조치(上智)대학교가 가톨릭 예수회에서 설립해 그 전통을 계승했기 때문에 다른 일본 대학보다 서양철학의 역사적 전통을 이어받았고, 중세기의 스콜라 철학을 비중 있게 탐구할 수 있었던 것이다.

일본 문학에는 관심이 없으면서도 아쿠타가와 류노스케(芥川龍之介)의 작품은 애독했다 그의 사상보다도 문학적 특수성과 일본적인 진수성을 읽었던 것 같다. 그의 문장력에 매혹당하기도 했다. 가장 일본적인 작가였고 일본 문학과 더불어 살다가 일본 정신을 남기고 스스로 목숨을 끊었다. 지금도 일본에서는 '아쿠타가와 문학상'을 받으면 최고 수준의 작가로 인정받고 있다. 한때는 나도 그런 문장을 쓰고 싶다고 생각했다.

대학예과 2년 과정을 끝내고 문학부 철학과로 적을 옮겼다. 그 후에는 공부보다는 학문다운 문제의식을 택해야 했기에 일반인들이 갖는 독서 영역과는 차이가 생겼다. 독서라기보다는 학문적 연구가 중요했다. 그러나 내 뜻대로 되지는 못했다. 태평양전쟁을 치르면서 한국 학생들의 학도병 문제가 제기되어 대학 생활이 중단되었다. 해방을 맞이한 후에는 사회적 변화와 혼란 때문에 학업에 전념할 정신적 여유가 없었다. 공산 치하 2년 동안은 정치적 소용돌이 속에서 헤매야 했다.

탈북하고 서울에서 중앙중고등학교 교사로 7년간 봉직하면서 철학을 위한 학문과 지성적 수준의 지식을 위해 재정리를 시작했다. 고등학생에게 강의하는 수준 이상의 철학과 사상적 관심과 열정을 되찾고 싶었다. 철학에 있어서는 대학교수의 수준까지, 지성인으로서는 상위층의 사상과 가치관을 위해 학구 생활을 계속했다. 학자와 사상가가 되고 싶었다. 그 노력은 헛되지 않았다. 7년 후에는 세 곳의 대학에서 전임강사 자리를 제안했고 연세대학교에서 교수 생활을 시작했다.

그 후부터는 학문 연구가 과제였다. 읽는 시간만큼 사색하는 노력이 필요했고 강의 내용과 집필 시간이 중요했기 때문에 즐기는 독서는 허락되지 못했다. 100세를 넘긴 지금까지 사색과 집필을 위한 연구과제가 독서를 대신하고 있다. 그리고 대학을 떠나서는 후진국의 지성인과 교수들이 겪어야 하는 사회적 가치관과 이념 문제와도 무관할 수 없었다. 공동체의 정신적 과제에도 참여하는 위치에 머물고 있다.

아흔이 넘어 과거를 돌이켜 보면서 교육자의 한 사람으로서 가장 소중한 과제가 무엇이었는가를 반성해 보았다. 학교 교육의 정상화는 교육계 전반의 과제다. 국민 교육의 기반이 되는 고등학교 교육까지는 교육계와 정부의 역할이 중요하고 대학 교육은 다양성과 창조성이 사명이기 때문에 대학교 측의 자율성에 맡겨야 한다.

그러나 교육의 정상화와 보편적 인간 교육을 위해서는 독서의 중요성을 되찾아야 한다. 중학교 상급반부터는 학과목과 더불어 스스로 책을 읽는 습관을 키워주고 대학교의 1년 또는 1년 반 정도는 인문학과 고전에 해당하는 독서가 무엇보다도 소중하다. 그런 습관과 필요성을 절감한 학생들은 사회인이 되어서도 독서하는 국민의 자세를 지속하게 된다. 국민 교육의 전인(全人)적인 성과를 누린다. 모두를 합쳐서 '독서하는 국민이 되자'라는 교훈이 필수적이라고 생각한다.

다음의 몇 가지 구체적인 과제를 제시해 본다.

첫째, 지금 우리는 청소년들의 탈선과 사회악에 빠져드는 것을 크게 우려하고 있다. 물론 학교 교육이 담당해야 할 일이지만 지금과 같은 교육으로는 해결할 수 없다는 여론이 비등한지 오래다. 나는 학교 교육에 전념하면서 초중고등학교 교육을 경험했고 오랫동안 군 정신교육 위원회에서 정부 정책에 협조해 준 경험도 있다.

군에서 비행(非行)을 저지르거나 중학교 후반에서 고등학교 기간에 탈선하는 학생들에게 가장 소중한 과제는 함께 사는 공동체 안에서 '봉사활동'을 경험케 하는 제도와 선한 질서를 위한 공동체에 '소속 의식'을 갖게 해주는 것이다. 봉사활동에 참여한 경험이 있는 청소년들은 군에 와서도 사고나 비행을 저지르지 않는다. 선진국에서는 대학 입학 조건의 하나로 봉사 경험을 중요시한다. 사회인이 되는 소중한 의무이기 때문이다. 보이스카우트나 YMCA 운동도 그런 교육의 하나였다. 완력이나 폭행 등을 저지르는 청소년 대부분은 소속이나 참여 의식을 갖추지 못한다. 합창단

원이 되었다든지 운동 경기에서 동참 의식을 갖추었던 청소년들이 후에 국가를 대표하는 선수로까지 성장한 예도 있다.

여기에 한 가지 더 추가하고 싶은 문제가 있다. 중고등학교 때 독서를 즐기고 교과목 이외의 책 읽기를 계속한 학생들은 정신적 수양과 성장이 앞서기 때문에 청소년 기간에 비행을 저지르거나 신체적 폭력을 행하는 경우가 거의 없었다는 사실이다.

내 경우도 그랬다. 윤동주 시인이나 황순원 소설가 등이 독서를 즐긴 친구였다. 나도 그런 친구들보다는 뒤지고 있었으나 독서에 열중한 편이기 때문에 중고등학생 동안 누구보다도 정신적 여유와 행복을 누렸던 경험이 있다. 독서를 즐기는 청소년 기간을 경험한 사람은 인격이 무엇인가를 일찍 깨닫게 되고 정신적으로도 자아 발견과 성숙을 기약하게 된다. 책을 즐겨 읽는 청소년이 되어야 한다고 권고한다.

둘째, 청소년은 어떤 책을 읽어야 하는가. 넓은 영역의 인문학 분야 책이면 좋을 것이다. 문학, 역사책은 선별해서 읽는 것이 필수적이다. 문학 분야는 나를 위하는 소양이 되고, 역사는 공동체 의식과 사회적 관심을 갖게 해준다. 문학을 읽은 사람과 달리, 그 과정을 거치지 않고 자연과학이나 사회과학에 몰입한 사람들은 성인이 된 후에도 어딘가 결함을 느끼게 된다. 읽고 쓰는 것은 누구나 해야 한다. 문학 경험이 풍부한 사람은 감정적인 여유를 갖기 때문에 예술인들이 느끼는 정서적 풍요로움을 터득한다. 한때 내 친구인 안병욱 교수와 김태길 교수의 독자가 많았다. 나를 포함해 우리 셋은 젊었을 때 문학을 즐겼다. 그 정서적 공감과 예술적 이해 덕분에 철학적 논리성과 더불어 인간적 풍부성을 갖추었던 것 같다.

책을 읽어본 사람들은 어학자나 한글학자의 책이 무미건조해 재미가 없다고 말한다. 문학과 어학은 한 밭에서 자라지만 그 열매는 제각기 다르기 때문이다. 문학은 인간에게 감동을 준다.

안병욱 교수는 공립 중고등학교에서 배웠다. 중학교 4학년 때 춘원의 『유정』을 읽고 자신과 세상을 새로이 보게 되었다고 고백했다. 나는 중학교 3학년 여름 방학 때 빅토르 위고의 『레미제라블』을 읽고 시골에 높은 포플러나무 아래를 거닐면서 휴머니즘의 열정을 느꼈던 기억이 지금도 남아 있다.

문학은 인생을 깨닫고 충전시켜 주는 힘을 갖고 있다. 나는 여성이 가진 '아름다운 감정'이 여성다움의 첫째 조건이라고 생각한다. 문학과 예술을 모르는 여성은 '아름다운 감정'을 상실하기 쉽다. 나는 많은 친구와 함께 강연회 연사로 참여해 왔다. 장단점은 서로 다르지만, 문학적 소양을 갖춘 친구의 강연에는 풍요로운 공감대를 느끼곤 한다.

전문적 공부는 아니라고 해도 내 삶과 공동체의 일원으로서 알아야 할 조건과 과제는 역사의식이다. 역사책은 그 내용과 더불어 역사의식도 안겨준다. 그 시대와 사회의 공동체 의식은 필수적이기 때문이다. 인문학적 영역에서 철학책은 권하지 않는다. 선택에 따르면 된다. 읽고 싶은 이는 즐겨 읽지만 억지로 읽다가는 오히려 철학과 철학적 사유를 놓치게 될 수 있다.

나같이 일찍부터 종교적 신앙을 갖고 자란 사람은 꼭 자신이 믿는 종교 이외의 인문학적 저서를 읽는 것이 좋다. 인문학적 사유를 경험하거나 사회학적 저서를 읽지 않고 교리와 신앙의 깊이만 따르게 되면 인간적 결함과 사회적 고립을 자초하게 된다. 종교가 인간을 위해 필요한 것이지 인간이 종교를 위해 사는 것은 아니다. 올바른 신앙을 갖춘 사람은 인간다운 인간이 먼저임을 깨닫게 된다. 공자와 석가, 그리스도는 인간 중의 인간이다. 그러기에 모든 신도를 더 높은 신앙으로 이끌어주었고 그 신앙이 인간을 완성과 구원으로 안내해 준 것이다. 지금도 인도나 중동 지역의 종교적 갈등과 대립에서 오는 사회·역사적 후진성과 비극을 보면 종교적 편견과 아집이 인간성을 훼손시켰음을 보게 된다.

모든 독서는 나를 키운다. 어떤 교리나 선입관념 또는 자신이 믿는 이념에 안주하거나 몰입하는 불행을 치유해 준다. 독서는 인간적 성장과 발전을 돕는다.

한 가지만 더 추가하자.

셋째, 만일 문화의 태양이 없었다면 우리는 얼마나 어두운 세상에 살았겠는가. 그런데 긴 역사를 되돌아보면 지금까지 다섯 나라가 인류를 위한 문화의 태양으로의 책임을 담당했던 것 같다. 영국, 프랑스, 독일 그다음에는 러시아가 뒤따를 것으로 기대했는데 실패했다. 미국이 그다음을 차지했다. 아시아에서는 일본이 그 뒤를 계승했다. 이 다섯 나라는 어떤 국가인가. 국민의 절대다수가 100년 이상 독서한 나라들이다.

세계가 하나의 문화권으로 등단한 것은 근대화 이후다. 근대화되면서 가장 먼저 등단한 나라는 이탈리아, 스페인, 포르투갈 같은 나라들이었다. 그러나 이 나라들은 지속적으로 문화를 발전시키지 못했다. 국민이 독서를 이어가지 못했기 때문이다.

스페인을 여행하다가 마드리드 시청 앞 광장에 들렀다. 세르반테스의 동상이 눈에 띄었다. 한때는 세계적으로 유명한 작가였다. 그러나 그 뒤를 계승한 작가가 없었기 때문에 동상 하나만이 자랑거리로 남았다. 그런데 영국, 프랑스, 독일에 가면 비슷한 동상이 어디에나 있다. 그 나라 국민이 지금까지 독서 문화를 계승했기 때문이다. 이탈리아는 찬란한 르네상스 문화를 창출했다. 그러나 문자 문화를 대신하는 문예부흥을 오래 지속하지 못했다. 저서를 남기고 독서하는 국민이 되어야 했다.

왜 러시아는 실패했는가. 공산주의 국가가 되면서 사상의 자유를 상실했고 공산주의 이념을 위해 인문학을 버렸기 때문이다. 아시아에서는 일본만이 뒤늦게나마 세계 문화에 동참할 수 있었다. 그 당시 일본의 독서량은 세계 어디에도 뒤지지 않았다. 새로운 문화 창조까지는 세월이 필요했으나 독서의 양적 성장은 어느 나라와 비교해도 손색이 없었다.

지금도 같은 현상을 엿볼 수 있다. 캐나다와 미국을 제외한 중남미를 여행하면 멕시코부터 브라질까지 다녀보아도 독서하는 국민이 보이지 않는다. 앞으로 1세기쯤은 기다려야 할지 모른다. 인도 대륙은 교육과 국민적 문화 수준이 낮으므로 아직은 희망이 보이지 않는다. 중동 지역은 뿌리 깊은 종교문화가 사상의 창조력과 휴머니즘의 탄생을 저해하기 때문에 인문학의 개척이 늦어지고 있다.

우리가 소속되어 있는 아시아는 어떤가. 중국에 대한 기대가

컸었다. 그러나 중국은 근대화에 실패했다. 근대화의 영역에서 뒤졌다는 뜻이다. 뒤늦게 근대화에 착수하려 했으나 공산주의 국가가 되면서 러시아와 비슷한 상황이 되었다. 전통문화를 배척하고 공산 정치 이념을 재창출하려고 시도한 결과가 휴머니즘을 동반한 인문학 배제였다. 지금도 중국을 여행하다가 유명한 대학 주변 서점에 들어가 보면 읽을 만한 책들이 보이지 않는다. 옛날의 고전문헌을 연구하기 위해서는 대만에 가게 되고, 중국 고대 문화 연구는 일본이 앞섰을 정도다.

우리는 어떠한가. 역사적으로 본다면 3·1운동 때부터 불과 100년 동안에 훌륭한 업적을 남겼다. 일제강점기에는 교육의 열성을 지탱해 왔고 해방이 되면서는 우리 문화를 되찾기 시작했다. 대학 교육과 언론이 급속도로 성장하면서 독서율도 높아지기 시작했다. 아시아에서는 일본 다음가는 문화와 독서 국가로 성장해 왔다.

그러나 선진 국가들이 개발해 온 역사적 과정을 정상적으로 답습하지 못했다. 인문학이 먼저이고, 사회과학이 그 뒤를 계승한 후에 과학 문화가 열매 맺는 것이 세계 정신사의 순서다. 그런데 우리는 전통적 인문학을 육성하기 이전에 국제적 사회과학을 수용할 수밖에 없었고, 지금은 세계를 휩쓰는 자연과학과 기계 공학의 과업까지 떠안아야 하는 단계에 직면했다. 인문학의 사상·문화적인 전통과 과업을 정리할 여유가 없었다.

뿌리가 없는 나무는 폭풍우를 이겨내기 힘들다. 정치·경제의 개발과 성장 과정에 비하면 인문학 근간은 지금부터라고 보아도 좋을 것 같다. 그동안 일본어 문화와 사상 시대를 보내야 했고, 근대화된 서구 문화를 직접 받아들일 기간도 갖지 못했다.

그러나 독서에 대한 열성은 약화되지 않았다. 배워야 살아남을 수 있다는 일제강점기의 유훈을 간직했고, 서구 문화를 받아들이려는 의욕도 대중화되었다. 이제 남은 것은 한글문화의 육성과 세계화이다. 그 목적을 위해서는 인문학적 정신과 사상을 개발하면서 한글문화와 함께 성장해야 한다.

사실 한문(漢文) 문화의 전통과 일본 문화의 유산을 비켜 갈 수 있어도 한글문화의 순수성에 깃들어 있는 한자(漢字)의 영향은 벗어나기 힘들다. 그 현상은 일본도 마찬가지다. 유럽에서는 라틴어 문화의 뿌리에서 자란 영어, 독일어, 프랑스어 등의 언어적 원천을 정리하고 순화시키기 어려운 것과 마찬가지다.

그리고 더 무거운 부담은 영어 문화권이 침투하기 시작하면서 일제강점기에 일본어가 행세했듯 영어의 위력이 젊은 세대들의 사고와 표현까지 침투하고 있다는 점이다. 한문과 영어가 한글까지 침범해서는 안 되는 위치에 직면하고 있다.

그런 문제의 해결을 위해서는 100년쯤 후에 한글문화가 세계적으로 어느 정도의 영향력을 갖추게 될까를 물어야 한다. 지금도 우리는 일본어 서적을 번역해 읽고 있다. 영어 책을 비롯해 프랑스어 책, 독일어 책을 번역하고 있다. 100년 후에는 한글로 쓰인 수많은 저서들이 영어로, 프랑스어로, 일본어로 번역돼 읽혀야 한다. 아시아에서는 일본어 문화 못지않게 한글문화가 대표적인 비중을 차지해야 한다. 그러기 위해서는 한글문화가 언어·문화적인 순수성과 우수성을 지녀야 하고 사상과 예술성이 영어 문화권이나 일본어 문화권과 동등하거나 어떤 면에서는 앞서야 한다.

정치와 경제 분야에서는 거의 동등한 위상을 차지했다. 모방하는 나라가 창조하는 나라를 뒤따르는 데는 긴 세월이 필요 없다. 그러나 문화의 창조는 긴 세월이 요청된다. 그만큼 생명력과 영향은 오래 지속된다. 이런 민족 역사의 영구하고도 막중한 사명을 띠고 있는 것이 현재 우리에게 주어진 과제다. 그 과제를 해결하기 위해 필요하고도 어렵지 않은 방법이 독서다.

모든 국민이 세계 어떤 나라보다도 책을 사랑하고 즐겨 읽는다면 국민의 정신적 성장은 가속화될 것이며 한글문화의 세계화는 더 빨리 가능해질 것이다. 출판 문화도 뒤따르게 되고 '독서하는 국민'이라는 꿈이 현실로 이루어질 것이다. 사회 각계 지도자들의 의무이며 교육계의 책임인 동시에 가장 영구한 애국 시민의 사명이다.

KI신서 13837

김형석, 백 년의 유산

1판 1쇄 발행 2025년 11월 12일
1판 3쇄 발행 2025년 11월 30일

지은이 김형석
펴낸이 김영곤
펴낸곳 (주)북이십일 21세기북스
인생명강팀장 윤서진 **인생명강팀** 박강민 유현기 황보주향 심세미 이현지
디자인 디자인규
마케팅 이수진 유진선
영업팀 정지은 한충희 남정한 장철용 강경남 황성진 김도연 이민재
제작팀 이영민 권경민

출판등록 2000년 5월 6일 제406-2003-061호
주소 (10881) 경기도 파주시 회동길 201(문발동)
대표전화 031-955-2100 **팩스** 031-955-2151 **이메일** book21@book21.co.kr

ⓒ 김형석, 2025
ISBN 979-11-7357-547-1 (03190)

(주)북이십일 경계를 허무는 콘텐츠 리더

21세기북스 채널에서 도서 정보와 다양한 영상자료, 이벤트를 만나세요!
페이스북 facebook.com/jiinpill21   포스트 post.naver.com/21c_editors
인스타그램 instagram.com/jiinpill21   홈페이지 www.book21.com
유튜브 youtube.com/book21pub

서울대 가지 않아도 들을 수 있는 명강의! 〈서가명강〉
'서가명강'에서는 〈서가명강〉과 〈인생명강〉을 함께 만날 수 있습니다.
유튜브, 네이버, 팟캐스트에서 '서가명강'을 검색해보세요!

- 책값은 뒤표지에 있습니다.
- 이 책 내용의 일부 또는 전부를 재사용하려면 반드시 (주)북이십일의 동의를 얻어야 합니다.
- 잘못 만들어진 책은 구입하신 서점에서 교환해드립니다.

대한민국 대표 교수진의 지식 공유 프로젝트

인생명강
내 인생에 지혜를 더하는 시간

사는 게 어렵고 막막할 때 우리는 어디에서 답을 찾아야 할까?
'인생명강'은 전국 대학의 명강의를 엮은 시리즈로,
오늘을 살아갈 지혜와 내일을 꿰뚫어보는 인사이트를 선사한다.
과학 · 철학 · 역사 · 경제 · 문학 등 다양한 분야의 지식 콘텐츠를 만날 수 있다.

심리

권일용 저 | 『내가 살인자의 마음을 읽는 이유』
권수영 저 | 『관계에도 거리두기가 필요합니다』
한덕현 저 | 『집중력의 배신』

경제

김영익 저 | 『더 찬스 The Chance』
한문도 저 | 『더 크래시 The Crash』
김두얼 저 | 『살면서 한번은 경제학 공부』

과학

김범준 저 | 『내가 누구인지 뉴턴에게 물었다』
김민형 저 | 『역사를 품은 수학, 수학을 품은 역사』
장이권 저 | 『인류 밖에서 찾은 완벽한 리더들』

인문 / 사회

김학철 저 | 『허무감에 압도될 때, 지혜문학』
정재훈 저 | 『0.6의 공포, 사라지는 한국』
권오성 저 | 『당신의 안녕이 기준이 될 때』

고전 / 철학

이진우 저 | 『개인주의를 권하다』
이욱연 저 | 『시대를 견디는 힘, 루쉰 인문학』
이시한 저 | 『아주 개인적인 군주론』